U0126306

馮滬祥 著

兩性之哲學

臺灣學生書局 印行

新版自序

人生有兩大基本問題，用中國風俗來說，一是紅帖，一是白帖，亦即一是情感問題，二是生死問題。

我深感講哲學，不能脫離人生問題、變成空中樓閣，應該結合人生需要，扣緊人生問題；所以即使在立法委員的任內，最為忙碌期間，仍然勉力完成兩部著作，一為《兩性之哲學》，二為《中西生死哲學》，也創了立法院內，任內能出版兩本學術著作的紀錄。

後來我應邀到北京大學講學，承北大出版社同樣重視這兩大問題，所以特別發行大陸版，以簡體字印行，合併稱為「生活哲學」兩種。

如今距離初版，匆匆已過五年，很多大學用此書為教材，原先的三版均已賣完，所以我特請經常出版我著作的學生書局，另行再印新版，以饗更多讀者。

在中國哲人中，以往很少討論兩性問題，除了唐君毅先生有本專論《愛情的福音》外，其他很少觸及。但即使是唐先生，也是假托印度先知之名，可見以往風氣，很少將兩性問題看成是哲學問題。

然而，兩性問題卻的確是人人關心的永恆問題，對於兩性如何溝通相處，更是一項嶄新的問題；尤其兩性平權、女權問題，更為全世界愈來愈重視的新趨勢，的確不能忽視。

從後列中西詩人與哲人的作品中，可以看出，他們對兩性各種問題的心聲，值得共同重視。

——對於兩性相悅的用情問題，誠如唐代李商隱所說，「春蠶到死絲方盡，蠟炬成灰淚始乾」，這是至今很多兩性流盡淚水、纏綿悱惻，仍然無法超脫的問題。

——對於兩性心靈的感應問題，則也如李商隱所說，「身無彩鳳雙飛翼，心有靈犀一點通。」更是很多兩性深信因緣的親身經驗。

——對於兩情吸引的歸宿問題，正如唐代白居易所說：「在天願做比翼鳥，在地願做連理枝」，至今仍然是無數兩性充滿憧憬的願景。

——對於兩情相思的淒苦問題，則如宋代柳永所說，「衣帶漸寬終不悔，為伊消得人憔悴。」至今仍有很多兩性為此黯然傷神！

——對於兩性相許的悸動問題，更如金代元好問所說，「問世間情為何物？直叫人生死相許」，至今仍然是很多兩性以生死相約、甚至演出悲劇的問題。

——對於兩性情義的昇華問題，宋代秦觀講的最為中肯，「兩情若是久長時，又豈在朝朝暮暮」！

——對於兩性相處的複雜問題，正如英國大哲羅素在《婚姻革命》中所說，「在浪漫的愛情中，愛的對象，往往不能看得很準，不過是像在迷霧中觀望一般。」至今仍在困擾很多兩性的心靈。

另外，英國莎士比亞在《威尼斯商人》說的也很透徹：「愛情是盲目的，戀人們看不見他們自己所幹的傻事。」

英國亨特在《席間閑談》中，比喻也很精闢：「愛情如同憂鬱症，經常將瑣事放大。」

但是，真愛的力量仍然是偉大的。此所以薄伽丘《十日談》中，仍然指出：「純潔的愛情，是人生中的一種積極因素，是幸福的泉源。」

巴爾扎克在《高老頭》中，也曾經強調：「愛情會給憂傷的眼睛注入生命，使蒼白的面孔泛起玫瑰般的紅潤。」

大仲馬在《紅屋騎士》中，則曾歌詠愛情，「愛情激盪著活躍的情緒，又可以使已死的心靈復活」。

歌德在《少年維特的煩惱》中，更曾指出：「這世界要是沒有愛情，它在我們心中，還有什麼意義？如同一盞沒有燈光的走馬燈」。

屠格列夫在《麻雀》中，同樣強調：「愛可以戰勝死亡和對死的恐懼。只有愛才能使生命維持和延續下去。」

莫里哀在其《喜劇選》中，尤曾指出，「真愛是一位偉大的導師，教會我們重新做人。」

所以綜上所述，如何成熟而健康的面對兩性種種問題，並對兩性哲學深入探討，迄今仍有其超時空的重要性，甚至有其緊迫性。

另外，兩性平等的理念，更已成為普世價值，也成為討論人權的必要課題；即使女權健將西蒙・波娃，在《第二性》中，也曾指出：「愛情要彼此給予，然後去豐富兩人共享的世界」，明白揭示了兩性應平等互助的時代潮流。

因此，我除了用學術論述，在民國89年出版了國內第一本《兩性之哲學》，並且也身體力行，在立法委員任內，大力推動兩性平等。

例如，我曾全力支持推動「兩性平等工作條例」，從根本的修法，提升女性人權，保障女性平等。另外，我也積極促進國軍，儘早提拔女性將軍，並促請國防部，大力推動軍中的兩性平等，保護女性，並曾應邀擔任國軍人權委員會的委員。

除此之外，我也曾積極促進外交部，優先提拔女性大使，並促請行政院，積極提拔女性部長；而且促使交通部，取消排斥女性郵務士的考試規定。

凡此種種，都可說是我對「兩性平等」的重視例證。我相信，這也是所有人道主義者應有的信念，並是所有注重民主人權者應有的堅持。

近年以來，我雖然歷經各種中傷與誣陷，但我仍然堅持，尊重女權、兩性平等，確是不可輕忽的普世價值，所以特在原來三版之後，再請學生書局印行新版，敬請各界高明共同指正。

如果本書能對廣大讀者，在兩性問題、與兩性平等上，提供些微貢獻，我將感到莫大的榮幸。

是為新版自序。

民94.9.3抗戰勝利紀念日

馮滬祥

【再版序】

馮滬祥

兩性話題，是人類永恆的議題，也是世界共通的問題，既跨越時間，也跨越空間，成為眾人所共同關注的切身問題。

然而，針對兩性所做的研究，卻是晚近以來的新趨勢；並且是西風東漸、經由歐美大學校園內興起「兩性學」，並引起「女性主義」、「婦女運動」的研究，到了台灣，最近才開始萌芽成長。

筆者有鑑於此，深深感到「兩性平等，如何互動」非常重要，也真切感覺「兩情相悅，如何互敬」非常重要，因此特別在中央大學講授本課，然後儘量利用公休之際，全心出版了本著作。

本拙著主要從兩大主軸出發，一是從感性面，分析兩性如何相處；二是從理性面，分析女性主義與婦女運動。

首先，從感性面與個體觀而言，因為「相愛容易相處難」，如果有情人到頭來因為無法忍讓相處，以致彼此互傷感情、互相折磨憔悴，變成「天若有情天亦老」，是多麼遺憾的事情！甚至於，如果有情人因為專情、多情，卻不知如何互諒相處，變成「自古多情空遺恨」，又是多麼令人惋惜的事情！

尤其，「情」字當關，容易衝動，如果失去理性，更容易成為悲情、甚至殉情，「問世間情為何物？直叫人生死相許」，這話固然真情感人，卻也充滿悲淒，令人警惕。如果情關未過，變成殉情，或者傷害本來所愛的人，更將是多麼令人痛心的事情！

筆者慷於此中影響既大且廣，因此特別蒐集中外兩性學家與哲人相關研究，分析「兩性溝通如何成功」、「兩性愛情如何成功」、以及「兩性婚姻如何成功」等議題，重點均在尋求兩性相處的成功之道；而其方法，主要在強調兩性的「同理心」，如哈佛教授高曼（Prof. Goldman）所說，應提昇「情緒智商」（EQ）。並重視中國哲人的忠恕之道，盼兩性能將心比心、相互尊重，才能達到莊子所說「兩行」，進而成為現代所謂「雙贏」。

其次，從理性面與整體觀而言，女性長期被歧視、長久被排斥，的確是不爭的事實。無論中外歷史，也確是一部「重男輕女」、「尊男卑女」的血淚史。就此而言，女性長期被欺壓的辛酸，的確深值有識者正視與同情。隨著時代的進步，女性發出自省的呼聲——爭取平等、爭取尊重，已成為世界的潮流，更值得男性共同正視與肯定。

因此，筆者也特別全盤分析女性主義各種思潮，包括「自由主義的女性主義」、「馬克思主義的女性主義」、「心理分析的女性主義」、「社會主義的女性主義」、「存在主義的女性主義」、「激進的女性主義」，以及「個人的女性主義」，從分門別類之中，將彼等論點分出條理、分別申論，作為引介給國內的重要參考。

另外，針對現代婦女運動的來龍去脈，從十八世紀美國創始人瑪麗・沃斯頓（Mary Wollstonecraft），到當代法國的西蒙波娃（Simon Beauvoir），以及美國的佛里丹（Beety

Friedan），中間代有英才出，都有各自的貢獻與特色。從這批婦運先賢的奮鬥史中，很能發人深思，啟迪深遠，並且足以使「頑夫廉，懦夫有立志」。所以筆者也特別從不同的年代，分述婦運相關的論點與行誼，希望對今後更多的婦運志士，能有一定參考作用。

綜合而言，筆者深信，天生萬物以仁心，必定希望彼此尊重、和諧互助；同樣情形，天生男女兩性，必定也希望相互尊重，相敬如賓，這正是中國易經中的道理——陰中有陽、陽中有陰，交融互攝，兩性之間，也唯有互諒互重，相知相惜，才能形成「一陰一陽之謂道」的生命成就。所以太極圖中，並非黑白二分對立，而是黑中有白、白中有黑，兩者融洽互助，親切互補，此中深意，的確深值重視與宏揚！

本書的新封面，從楓葉林所象徵的兩情「相思相戀」，提昇到太極圖所象徵的兩性「相輔相成」，寓意非常深遠，即在彰顯此中精神。

本書的著作，也是在這種精神體認之中完成，盼能對國內婦運與兩性平權，產生拋磚引玉的作用，引發各界高明共同重視。唯因筆者擔任立法委員，工作極為忙碌，並因工作兼及兩岸服務，幾乎無暇可用；所以只有儘量擠壓休息時間，盡心盡力完成這本拙著；疏漏之處，還請各界高明指教，尤其敬請婦運界人士指正，不勝感激之至！

是為再版自序。

民國九十年五月四日

【自序】

兩性平等，已經成為千禧年的顯學，非但先進國家如歐美十分重視，即使落後的國家和地區，也都開始注重。

然而，嚴格來講，這已經是「遲來的正義」，而遲來的正義，並非真正的正義。女性經過兩千多年的各種壓迫、歧視與不平後，如果再不及早平反，給予應有的補償，那真是毫無公道、更無天道了。

可惜的是，雖然歐美國家對兩性平權的著作，已經汗牛充棟，非常豐富，但在中華民族兩岸卻都還只是方興未艾，缺乏完整的理論，也缺乏本土的自省。

因此，筆者不揣冒昧，特別從哲學的立場，針對兩性問題，提出反省性的申論。另外，加上兩性切身的情感需求，提出如何成功之道，構成這本拙著。因為這是相關領域中，用哲學分析的第一本，仍賴各界關心兩性問題的先進，給予各種批評與指教。

眾所皆知，西方女性主義的推展，以婦女運動先行者瑪麗．沃斯頓克拉夫特（Ｍａｒｙ

Wollstonecraft）為首，但其政策落實，卻有賴男性哲學家兼英國國會議員約翰．穆勒（John Mill）；證明經由兩性共同努力，才更能克服艱困的環境，邁出兩性平權的第一大步，成為爭取女性平等的歷史性佳話。

筆者在任職立法委員後，便曾全力推動兩性平權，並爭取女性各方面平等，將此工作也列為優先努力的目標。今後自當更加奮進，以「中華民國的穆勒」自勉，期能與女性領袖們，共同為長期辛苦的女性同胞，早日開創真正的光明！

展望未來，國民風氣若能因本書的出版，進而喚醒社會對女性平權的重視與認知，並加強兩性的共同努力，相信，不只是女性之福，同時更將是兩性共同之幸！

馮滬祥

民國八十九年二月廿五日

總統大選期間初版

民國九十年三月八日

婦女節再版時修訂

【目錄】

第一章　兩性哲學的重要性

第一節　面對兩性相處的共同問題

兩性哲學之所以重要，因爲它是一個超性別、超時空、超種族、超政黨、超意識型態、超年齡的共同問題。

首先，超越性別：因爲，兩性問題不只是女性的問題，也是男性的問題。詩人拜倫曾經講：「愛情是男人生命的一部分，卻是女人生命的全部。」然而，即使對男人只是生命的「一部分」，但畢竟仍是一部分，而且可說是很核心的一部分。如同一個人的身體，無論哪部分受傷，仍然是身體整體傷痛，所以不能不重視。

第二，超越時空：因爲，兩性問題超越時間和空間、超越時代和地域，不分任何時代、也不分任何國度，都是永恆的問題。在古代如此，現代還是如此；在東方如此，在西方也是如此。正如同人性一樣，是一個永恆的共同問題，永遠是文學家與哲學家探究不完的共同課題。

第三，超越種族：因爲，無論黑人、白人、黃人、紅人，任何種族都有同樣的問題；對兩性如何相處，均爲同樣重要的問題。而且跨族群之間，同樣有超越性的情感存在，對於民族與民族之間，同樣爲超越性的存在。

第四，超越政黨：因爲，無論民主黨人、共和黨人，甚至共產黨人，都需要愛情，也都需要面對兩性問題；無論資本主義社會、社會主義社會，都有天生的情感問題。所以，它是超越意識型態、政治信仰、宗教信仰而存在，它本身屬於最有超越性的共同課題。

第五，超越年齡：因爲，不只十七、十八歲青少年才有情感問題，到七十、八十歲，照樣有情感問題；不只結婚前才有情感問題，婚後照樣也有情感問題；不只高中生、大學生有情感問題，即使博士或博士後大學者，照樣有情感問題。一個人可能是專業領域的巨人，卻同時是兩性問題的侏儒。可能擁有高學歷，卻在面對兩性的情感問題時，卻成爲低能兒。因爲，情感問題超越年齡、超越學歷，甚至也超越一切亮麗的各種經歷。

所以，兩性哲學深具「超越性」，超越性別、超越時空、超越種族、超越政黨、超越年齡、超越學歷；既有普遍性，又有獨特性，既有透明性，又有神祕性。就在這種辯證的統一中，兩性哲學足以吸引各方面的共同關注，也奠定了它在今後學術研究上，具有新穎而全方位的重要性。

第二節　解決西方哲學的共同盲點

如上所述，兩性哲學雖然如此重要，超越各種領域，但它卻也是中外哲學二千多年來的共同盲點；無論中外，無論古今，對其要不就是忽視，要不就有偏見。因而，更註定了今後新時代哲學家，應有的新使命：必須重新面對這項問題，做徹底的討論與反省，才能讓兩性哲學得到應有的重視與發展。

從西方柏拉圖（Plato）開始，就很明顯可以看到此中缺憾。當代英美第一大哲儒懷海德（A. N. Whitehead）曾稱「西方兩千多年的哲學，都是柏拉圖哲學的註腳」，由此可知柏拉圖哲學的影響。然而，柏拉圖哲學的主要架構「理型論」（Theory of Ideas）中，主要在討論「理型」的抽象概念，雖深具思辨性與分析性，並且博大思精、架構宏偉，但對具體有血有肉、有眼淚、有苦水的兩性感情，卻幾乎完全沒有觸及，等於交了白卷，其中的缺憾，不能說不大。

此中主因，在於整個柏拉圖哲學，對現實世界採取貶抑的態度，在其著名的「地窖說」中，他比喻現實生活只如同幻影，人要離此幻影，提昇到上界，必須走出地窖，才能面對光明本源。因此，究其哲學精神，簡要而論，凌空有餘，落實不足。所以世稱「柏拉圖式的愛情」（Platonic love），

往往只流於空泛清談，無法具體行動。因為，柏拉圖面對現實界與理型界的二分法，對下界（現實界）採鄙視的態度，對上界（理型界）則是肯定的態度，這形成了柏拉圖哲學的重要特色，對於現實界的兩性問題，自然也會產生輕忽的態度。

柏拉圖除了對現實界貶抑，對現實界中的女性，很清楚的也有歧視。所以，在其名著《共和國》（Republic）中，他說：「對於人類各種事業的能力，恐怕無不是男勝於女。」這是一個非常獨斷的全稱命題，但他卻並沒有提出任何的根據。後面他講，當然有些例外，例如「紡織、裝飾、烹調這些瑣事，女性勝於男性，如果連這個都不如男子，必會被人所嘲笑。」(1)

從上述這段內容，清楚可以證明，柏拉圖雖然在學術上是大哲學家，但在生活上卻明顯是大男人主義者。然而，他的哲學思想卻影響西方達二千多年之久，堪稱大哲學家產生的大偏見，難怪西方女子地位一直不公平了二千多年！

雖然，柏拉圖曾經強調「自然賦予人的一切權利，男人可以追求，女人也可以追求」，但是在各種權利的追求中，他仍認為男人比女人優越(2)。所以，他可稱為最原始的大男人沙文主義者。柏拉圖所講的「正義」（Justice），固然是用理性克制感性，以達到平衡，但只是淩空論證，從未觸及男性對女性要怎樣對待，才算正義；正如同他講「理想國」，卻從未觸及公民要如何對待奴隸才算正義一樣。因爲，他受其時代的限制，奴隸在他眼中並未存在，女性在他眼中也很少存在，這當然是柏拉圖的重大盲點。

正因爲柏拉圖有這樣的重大盲點，所以即使是現代大談「正義」的哈佛大學名教授羅易士（John Rawls），在其一九七一年的名作《正義論》（Theory of Justice）中，雖然分析了很多的題材，申論了很多領域中的正義，但偏偏就是沒有講到「兩性」之間如何才算「正義」[3]。這本書固然論辯清晰，精闢觀點很多，擁有很多長處，堪稱社會學的經典之作，但卻也存在著兩大盲點：一是忽略了兩性的正義，二是忽略了環保的正義。

簡單的說，羅氏只從社會學的架構分析正義概念，卻完全忽略了「環境」生命的獨立性，因而忽略了「對自然的尊重」（respect for nature）。此外，他同時也忽略了女性生命的獨立性，從而忽略了對女性的尊重。這可說是從柏拉圖以來，一路傳承下來的重大盲點，連現代二十世紀哈佛學者尙且如此，在此之前更可見一斑，更可證明女性長期被忽略與歧視的悲痛歷史。

繼柏拉圖之後有亞里斯多德（Aristotle），形成西方兩大主流：中世紀奧古斯丁（Augustine）順著柏拉圖的流派發展，並影響形成近代理性主義（Rationalism）；另外一流派則跟著亞里斯多德走，在中世紀以「士林哲學」爲代表，並影響形成近代的經驗主義（Empiricism）。但二者所犯的毛病都是一樣，都缺乏對兩性哲學的關心與正確的理解。

例如，亞里斯多德在《形上學》（The Metaphysics）裡，很清楚地談到，「人的天性就是要追求知識」(4)；但他所講的知識，基本上還是對外在世界的追求，至於對兩性的知識與反省，則完全沒有觸及，對於兩性相處應該有的正確認知，也完全沒有討論。另外，無論是他的《政治篇》、《戲劇篇》，甚至是《倫理學》，也都沒有分析兩性之間的哲學。而他所謂的「形上學」，更只注重自然界之後、「物理界」之後（Meta-physics）的學問，所以稱之爲形上學，重點只針對自然界，至於對人間兩性關係的思考，則完全沒有放在其中。

柏拉圖曾說，哲學來自於「好奇」（wonder），但他最大盲點，則是對兩性部分並未產生好奇，因而沒有發展出相關的知識體系。而亞里士多德的哲學，基本上還是含有「階層論」，整個宇宙的架構，最底層是低等動物，上面是高等動物，再上面是更高等。宇宙從「純潛能」（pure-potentiality）發展成「純實踐」（pure-actuality），以這一套宇宙觀，企圖整合柏拉圖哲學上下二元論的不足。然而，他對兩性明顯的不同，從潛能、性向、特色都不同，卻完全視而不見，同樣是重大盲點。

換言之，亞里士多德對男性的潛能，應如何充分發揮，對女性的潛能，應如何充分發揮，以分別完成「自我實現」（self-realization），他均沒有探討，顯然和柏拉圖犯了同樣毛病。

到了中世紀，哲學被稱爲「神學的奴婢」，被籠罩在神學氣氛之中，缺乏獨立的論辯領域。神學所談的內容，主要是嚴肅的清規戒律、有關「信」（Faith）與「知」（Reason）的問題，以及事奉上帝的靈修問題。然而，在現實生活中，人性畢竟不能脫離情感問題，即使高層神職人員，也不能免俗。所以，羅素在所寫的《婚姻與道德》之中[5]，便曾描述：中世紀西元一一〇三年，西班牙主教，後來被發現他的小老婆多達七十幾個；在一二七四年也有個主教，其私生子多達七十五人；教宗約翰廿三世更因爲通姦甚至亂倫而被貶。

換句話說，兩性關係即使不能公開談論，但問題仍然存在，只是礙於清規，一直無法討論。如此情形，竟然長達一千多年，伴隨著俗稱的「黑暗時代」（Dark Age），兩性問題也有千年之久，無法充分攤開來分析研究。

近代西方從理性主義大師笛卡兒（Descartes）開始，先強調「我思故我存」（I think, therefore I am），先肯定「思維的我」（The thinking I），肯定人是一個會思考的主體，貢獻固然很大，但同樣情形，他仍然忽略了性別的差異。因爲，男性的思考和女性的思考，其經過和結果，先天上就很不一樣；男性的思維方式和女性思維方式，也有很大不同。所以，若從「性別意識」（Gender consciousness）去檢驗笛卡兒的名言，其所謂「思維的我」，如果未區分男性的我與女性的我，便會大有問題。

因此，笛卡兒雖然被尊稱為「近代哲學之父」，但他只討論到心物並存的「心物二元平行論」，卻完全忽略了男性的「心」與其所決定的「物」，與女性便有很大不同，不能一概而論。而其所要求的「清晰與明瞭」（clear and distinct），企圖以此印證知識的正確，卻忽略兩性的不同，也形成重大的盲點。

與歐洲大陸理性主義相對的，是英國的經驗主義（Empiricism），創始人是洛克（John Locke），以注重知識論（Epistemology）著稱，他最重要的一句名言，就是「人心如白板」；他認為人類的一切知識，都是後天經驗的累積。然而，嚴格而論，這也只是一種籠統的論述。因為，固然「人心如白板」，但男性的「人心」和女性的「人心」，其「白板」對不同事物的敏銳度與反應度，因性別之不同，便有很大的不同。同樣的經驗，對男性與女性的影響，也會有很大的差異。同一部電影，或同一場情景，因性別差異，可能導致認知上很大的不同。但洛克顯然未討論及此，籠統的認為白板一塊，因而對認知論的形成，便會產生很大盲點。

換句話說，經驗主義對知識論的分析，雖有很大的貢獻，但其知識論對於兩性不同的認知主體，卻並未分別對待，也並未精緻的加以區分。因而，仍然落入傳統毛病，把男性中心的經驗認知結果，在無形中強加於女性，仍然對女性不公平。

理性主義與經驗主義後來由康德（I. Kant）整合，而其整合的重要關鍵，就是「超越統覺」（transcendental comprehension）；然而，他的「超越統覺」，同樣並沒有考慮到性別的差異因素，從其《純粹理性批判》、《實踐理性批判》到《道德形上學》，均爲抽象與中性的概念分析，對兩性的差異和特色，從頭到尾均未曾觸及。再次證明，再偉大的哲學家，如果缺乏「性別意識」（Gender Consciousness），缺乏對女性不同與不平的反省，均會留同樣盲點。

西方哲學到黑格爾（Hegel），形成「辯證唯心論」（Dialectical Idealism），他這無所不包的「唯心」系統，卻仍然沒有考慮兩性心理的差異，同樣忽略女性的內心世界。黑格爾哲學的特色，其抽象的思辯體大思精，但卻忽略了有血有肉的兩情世界，也忽略了各有心理差異的兩性世界。

所以，存在主義者祈克果（Kierkegaard）曾從個人觀點，批判黑格爾，認爲其思想架構猶如華美大廈，但他仍寧願住在旁邊的「小狗窩」，因爲具有「個人特性」；甚至在墓碑上，祈克果也強調，「此地埋了一個個人」。

換句話說，存在主義強調「個體性」（individuality）的特色，然而，對兩性各自不同的個體性，以及彼此獨立的主體性，乃至相互應尊重的差異性，這些在黑格爾哲學，更是重大的盲點。

尤其，黑格爾從「正」（thesis）、「反」（anti-thesis）到「合」（synthesis）的辯證

過程，仍然只以抽象概念，做爲螺旋型上升的論辯過程，對於具體兩性如何「正反合」的溝通與互動過程，則完全未曾觸及；他只從唯心論出發，對具體的兩性問題，以及相關的情感困擾，也多視而不見。凡此種種，明顯均爲時代限制下的缺憾。

正因為黑格爾過分強調唯心，遠離人間現實，以致其病根被馬克思（Karl Marx）抓住後，將其「頭腳倒置」，如同倒栽蔥一般，從辯證唯心論，轉成「辯證唯物論」（Dialectical Materialism）。然而，老問題仍然存在；因爲，馬克思只是將黑格爾的「唯心」變成「唯物」，但方法論仍沿襲中性抽象的「辯證法」，對於原先疏漏的兩性問題，仍然存有重大盲點。

馬克思的唯物論中，認爲經濟基礎要先改變，才能促成上層建築的改變；這種「經濟決定論」（Economic Determinism），固然提供了社會變遷的一種解說，但對古老以來一直被忽略的兩性問題，在此仍然塵封未動。簡單的說，他只是突出了「階級意識」（Class Consciousness），但完全忽略了「性別意識」（Gender Consciousness）。

在青年馬克思一八四四年的手稿中，雖然被後世認爲有「人道主義」，但主要是因其關心「異化的勞工」（alienated labour），仍然未觸及「異化的女性」，所以兩性問題在其學說中，依然屬於重大盲點(6)。

現代的心理學大師佛洛依德（Freud）可說是性心理學的鼻祖，可是他一開始也並沒有專門談到女性心理。佛洛依德認爲潛意識像個冰山，人類所表現出的行爲，只是其中有意識的一小部分，猶如冰山一角。他認爲一個人的內心世界，像海底的冰山一樣廣闊，但男性與女性的潛意識，兩者間有什麼不同，佛洛依德仍然並未深入探討。

根據佛洛依德學說，他頂多提到，人類文化成就，乃因壓抑內心深處的性衝動，昇華之後而成；其所謂「陽具崇拜」的理論，仍然只是以男性爲中心的詮釋。因爲女性的性衝動與男性顯然不同，無論性質或程度均有區別，但佛洛依德在此顯然並未申論。

另外，佛洛依德著名的「伊底帕斯情結」（Oedepus Complex）比喻，也同樣是以男性爲中心，認爲男童心中會有潛意識的「戀母弒父」的情結，但即使爲真，同樣的公式，卻並不一定適用於女性。女性兒童成長，也不一定有「弒母戀父」的潛在意識。由此也可看出，即使專研心理學的佛洛依德，若對「性別差異」缺乏意識，也會差之毫釐，而失之千里。

除此之外，就近代民主思潮而論，即使開明民主如美國，其獨立宣言的第一句話，號稱「人類生而平等」，但從用字分析，"All Men are created equal"，仍不自覺的只用「男人」（men）代表了全人類。甚至到目前，對「眾議員」仍多半稱「Congressmen」、稱系主任仍以「Chairmen」爲

主，均仍以「男性」為中心，甚至對於人類「歷史」（history）也只用 his-story（他的故事）做代表。凡此種種，均反映出長期以來男性中心的霸道特性，今後應由有識之士，無分男女，共同努力，才能共同塑造兩性平等的新社會。

綜合上述種種例證，充分證明：「兩性哲學」在西方，屬於長期被漠視忽略的課題。直到近十年左右，西方才開始有更多婦運領袖與開明男性，體認此中問題的重要性，開始有系統的研究。今後仍需更多領域的學者專家共同努力，才能重新公平的看待兩性，從而開創真正公義的新世紀。

第三節　解決中國哲學的盲點

如上所述，西方哲學大部分對兩性問題都存有盲點。因為基本上，西方哲學如同柏拉圖所說，是來自「好奇」（wonder），但卻對兩性關係缺乏好奇，所以對此問題長期留白。相對之下，中國哲學則來自「關懷」（concern），從人文觀點來看，「關懷」自然比「好奇」更溫馨，因而更具人性化。只是，中國傳統哲學因為囿於時代限制，同樣也有不足之處。

例如，孔子很明確的強調恕道：「己所不欲，勿施於人」(7)，此處所稱的「人」，當然應同

時包括男人和女人，但仍然只是中性名詞，只是個通則，並沒有特別落實於兩性問題，並未明講「男性已所不欲，勿施於女性」，或者「女性已所不欲，勿施於男性」，因而仍然有所疏漏。

同樣情形，孔子所說「仁者愛人」，此處「仁」字「從二人」，已經提到了互動互諒的重要，但仍未進一步指出「兩性」差異的重要性。因爲，如果你拿愛女人的方法去愛男人，就仍有隔閡；若拿愛兒子的方法去愛女兒，也文不對題，反之亦然。所以，孔子雖然從關懷出發，踏出了重要的一步，但畢竟仍未貼切。

更何況，孔子還說過一句很引起爭議的話：「唯女子與小人，爲難養也。近之則不遜，遠之則怨。」(8)他對女性印象，只停留在「難養」的階段，甚至還拿「小人」相比，難免被批評爲失言。重要的是，孔子面對女性難以相處（難養）的問題，並沒有從體貼兩性的差異面，去同情的瞭解，而只是停在抱怨面。連聖人尚且如此，更可知一般人的嚴重性。

然而從另一角度來看，孔子後兩句話對於觀察女性心理，仍是個很重要的參考；因爲，孔子對於女性相處的心得是：你若離她近了，她就對你沒有分寸（近之則不遜），但你若離她遠了，她就抱怨（遠之則怨）。事實上，這正是現代兩性哲學的警示；兩性相處，要能「有點黏，又不太黏」，因爲，對女性要讓她有「安全感」，對男性要讓他保有「空間感」，否則如果「太黏」，

就會「近之則不遜」；如果「不太黏」，就會「遠之則怨」。孔子因爲囿於時代限制，只體會到兩性相處之困難，卻未設身處地嘗試了解女性，也未進一步反省如何解決問題，明顯有所缺憾。

到了孟子，強調「浩然之氣」，自然令人欽佩，其「千萬人吾往矣」的精神，形成文天祥正氣歌中的仁人烈士，其凜然風範更令人敬仰；然而，文天祥同樣囿於時代限制，在正氣人物中，所舉均爲男性，沒有一個女性！其心目中的標準人格，也稱之爲「大丈夫」(9)（「富貴不能淫，貧賤不能移，威武不能屈，此謂大丈夫」），無形中確也將女性只列爲「第二性」。

誠然，孟子也說「人人有貴於己者」，肯定每一個精神人格的獨立性，值得推崇，然而他卻同樣囿於社會背景，批評「以順爲正，妾婦之道也」(10)，明顯輕視「妾婦」的地位，忽視妾婦也是「人人有貴於己者」，有其獨立平等的精神人格。尤其，當他批評「不孝有三，無後爲大」時，無形中將女性功能貶成生產工具，而輕忽其應有的獨立自主性。凡此種種舊觀念，均應隨新時代進步，而重新有所改正。

相形之下，反而是中國更古老的易經，因其六十四卦，均屬廣大完備的「旁通」體系，反能指出兩性相處應有的互通互諒、互助互補之道。

例如，易經繫辭大傳中說，「一陰一陽之謂道，成之者性也，繼之者善也」(11)，這是中國哲學首次指出兩性相處之道，應「平等」、「互敬」、「相知」、「和諧」，並以此標準強調，能夠本此精神完成的生命，才是理想的生命（「成之者性也」），能秉此精神永續經營的生活，也才是完善的生活（「繼之者善也」）。

除此之外，整部易經均以陰陽互動為主，尤值重視。所以，文言傳中強調陰陽並重，「天行健」固然可佩，「地勢坤」同樣可敬；兩性在此，完全處於同樣平等的地位。因此，明末大儒王船山稱易經為「乾坤並建」，缺一而不可，此種精神可說為兩性哲學，奠定了深厚的基礎。

易經中，另如「咸」卦，注重交「感」之道；「恆」卦，注重「永恆」之道；「泰」卦，注重「溝通」之道，均對兩性哲學具有極大的啓發。

有關夫婦同心的功能，易經中更明言，「兩人同心，其利斷金」(12)，代表兩性若能同心同德，其偉大力量足以斷金，這對現代兩性哲學，也很有重大啓示。能在二千多年前有此申論，尤屬難能可貴。

另外，在道家中，老子曾經強調「負陰抱陽」的重要性，「沖氣以為和」(13)，也就是強調陰陽兩性相處，互動之中要能互敬，才能達到和諧和氣，明顯強調兩性應相互尊重。老子所說「域中有四大，天大、地大、道大，人亦大」(14)，肯定人的偉大，也是同樣精神。只是，他與孔子一樣，並未進一步明確指出，「人」應同時涵蓋男人與女人。

在現代兩性哲學中，經常強調，男性的雄壯剛強，並不一定勝於女性的陰柔婉約，老子在此則可稱爲知心人士。因爲，他很明確的指出「強梁者不得好死」，並曾指出「水爲天下至弱，然攻堅莫勝於水」⒂。

另外，老子更把大道比喻成「天下母」，展現出對母性的最大推崇，並以親切的母子關係，來比喻大道與宇宙。凡此種種，均可看出，在道家哲學中，因其雍容大度的超越性，所以對兩性哲學也很有啓發性，只因時代限制，未及深入申論而已。

到了莊子，可說更進一步，在《齊物論》明確強調「平等性」，在《逍遙遊》則清楚強調「超越性」，而其所說「彼是相因」，更奠定了「相對性」；對兩性哲學，均深具啓發性。尤其更重要的是，莊子在中國哲學首次提出「兩行」的觀點，彼也行、此也行，用現代術語來講，就是強調「同理心」，能夠設身處地、將心比心，此即哈佛教授高曼（Goldman）所強調的「情緒智商」（EQ）⒃，唯有「兩行」，才能「雙贏」。

儒家在大學中曾強調「絜矩」之道，也有異同功之妙。因爲，其所說內容「所惡於上，毋以使下；所惡於下，毋以事上；所惡於左，毋以交於右；所惡於右，毋以交於左」，代表能從四面八方，將心比心、爲人著想，這就是近代所稱最高境界的「EQ」。

兩性相處，若能深具這種精神——爲對方著想，避免自我中心，多瞭解對方也有其苦衷，也有其道理在，這種「同理心」正代表一種「成熟性」，也正是莊子所說的「兩行」。

所以，兩性之間，唯有同時具備「兩行」，才能達到「雙贏」的境地。因爲兩性相處，最高明、最美滿的結果，就是「雙贏」——既不能男方壓倒女方，以大男人主義征服；也不能女性壓倒男性，以大女人主義征服。真正的雙贏，必是雙方各讓一步，各爲對方著想，進行「兩性和解」；那就必須建立在「兩行」之上。莊子在此學說，對現代的兩性哲學，深具極大的啓發性。

當然，若落實在現實人生，莊子妻子過世，他卻「鼓盆而歌」，看似豁達，但此種太上忘情，卻並非平常人所能接受，一般女性恐更難認同，其妻子在天之靈亦無法諒解。可見莊子仍然有其不通人情之處。荀子批評莊子，「蔽於天而不知人」，的確也有道理。

中國哲學到了佛學，對於兩性相處圓融之道，以及對於女性尊重之道，可說有了進一步的發展。

若以經中之王「華嚴經」爲例，基本上便可稱爲一種「融貫主義」，以廣大完備、圓融無礙爲基礎。其學說所強調「理無礙」、「事無礙」，以至「理事無礙」、「事事無礙」，應用在兩性上，同樣代表，應努力尋求「兩性無礙」的境界，這也代表兩性水乳交融、心心相印的境界，自然

最爲美滿。

兩性之間要能交融互攝、相互依存，才能形成華嚴經所說「六相圓融」境地，這正是當今兩性所追求的光明世界——或也可稱爲兩性平等、光明互重的「華藏世界」。

華嚴經本名爲「大方廣佛華嚴經」，此「大方廣」指的即爲「廣大和諧」之意。其廣大和諧，包括人與人之間、人與自然之間、人與自我之間、人與宇宙之間，以及人與佛法之間，均能周延無盡，圓融無礙。當然，也應包括男人與女人之間的相處之道，這對現代的兩性哲學，極具重要的精神啓發。

此所以在華嚴經〈入法界品〉中，曾經明確指出「眾生」的平等性，無所不在，也無所不包：

「對盡法界、虛空界、十方剎海所有眾生種種差別；所謂卵生、胎生、濕生、化生……種種生類，種種色身，種種形狀，種種相貌……種種心性，種種異形……人與非人等，……如敬父母，如奉師長，及羅漢乃至如來等無所異，菩薩如是平等，奉養一切眾生。」

佛經在此所說，種種眾生一律平等，包括「種種生類、種種色身、種種形狀……」等等，當然包括男女兩性一律平等，均要能有敬意（如敬父母），均要有誠意（如奉師長）。這種「無所異」

的平等心，應用於今日兩性哲學上，代表著對女性不能有任何差別待遇，也不能有任何歧視與不公，的確很值深思推廣。

尤其，華嚴經〈十地品〉中，更曾強調「菩薩法」的重要，「皆爲遮蔽一切眾生，利益一切眾生，安樂一切眾生，哀愍一切眾生，成就一切眾生」，在這「一切眾生」之中，如上所述，連「人與非人」都在其內，當然也包括「男性與女性」，都應同樣在悲愍救護之中。

由此充分證明，中國哲學到了佛學，對兩性之間，深重平等心，絕無歧視心，尤其注重平等互重、共同進步、相互成就。因而其菩薩形相，可男可女，在民間甚至多爲女性，對今日兩性哲學，確具極大啓發作用，值得重視與發展。

第二章　兩性溝通如何成功

兩性之間如何成功溝通？這是一個很重要的課題；事實上，人際關係能否良好溝通，是非常重要的社會課題，不只在兩性，甚至在男性對男性、女性對女性、上司對下屬或下屬對上司之間，通通是很重要的課題。

擴而充之，如果兩岸能夠有良好的溝通，就不會敵對、不會衝突，而敵對衝突的結果，一定是雙方受害，一定是兩敗俱傷；由此可見「溝通」的重要性。

所以，易經中的「泰」卦與「否」卦最大的不同，就在於泰卦是「天地相交，萬物相通」，它的上卦爲「坤」，代表地，下卦爲「乾」，代表天，天地互換位置，天地相交，就代表能設身處地，爲對方著想，這才能成爲「泰」。上下能溝通，彼此能互諒，下情能上達，這才能夠「泰」。反之，「否」卦則是上爲「乾」，下爲「坤」，代表天是天、地是地，各自堅持己見，偏執自我中心，互相不體諒、彼此不瞭解，當然無法「溝通」，那就會成爲「否」。因此，如果要「否極泰來」，根本之道，就必須要有成功的溝通。

本章的宗旨，就分析兩性之間，如何才能促進成功溝通。

本章共分六節討論，第一節爲「兩性和諧互動的四項要素」，第二節爲「兩性化解衝突的八項關鍵」，第三節爲「女性應有的預警」，第四節爲「男性應有的預警」，第五節爲「女性如何學習

溝通」，第六節爲「男性如何學習溝通」。

第一節　兩性和諧互動的四項要素

兩性之間溝通，如何成爲良性的互動，而不是惡性的互動？可分爲四項要素說明。這四項要素是：「有目的的溝通」、「正確的了解」、「揚棄批判的態度」，以及「主動負起責任」。

這四項要素，基本上引自葛萊博士(John Gray)在《男女大不同》(Man Are From Mars，Women Are From Venus)的內容⒄，另外再由筆者加以增補與引申，並且進一步闡揚，「有目的的溝通」即代表有「誠意」，「正確的了解」即代表有「敬意」，「揚棄批判的態度」即代表有「善意」，「主動負起責任」則代表有「厚意」。

一、有目的的溝通，有誠意(而非恨意)。

本段的要旨，用葛瑞博士的話來講，就是「意圖了解對方，同時也爲對方所了解」。換言之，你要有誠意去了解對方，同時也讓對方真正了解你的心意。所以他有句話很重要：「真正有效的溝

通，其目的不在控制對方，而在增進彼此了解」。

簡單的說，真正有效的「溝通」，不是要「改造」對方，而是要「了解」對方。如果以大欺小，或用凌駕對方的方式，硬要對方聽從，那就不是溝通。所以葛瑞博士講的很好，「如果想用溝通進行恐嚇或是傷害，這是絕對失敗的溝通」。兩岸之間如此，兩性之間同樣如此。

清華大學學生曾發生情感糾紛的命案，最後只剩兩個女生在溝通。這兩個女生的溝通顯然是失敗的。洪曉慧就是用恐嚇、傷害的方式，要對方聽她的安排，而不是用理性的、心平氣和的方式，談出彼此的心理與問題。當然，更惡劣的是男孩子，明知道那兩個女生的心情很不穩定，還把她們丟在那兒，一個人就走掉，這很不負責。他若可以事先分別做好溝通，或者在現場做調人，都可以減緩緊張情勢。但最後卻是讓兩個火藥庫硬碰硬，終於釀成命案悲劇。本段舉這個例子，主旨是要說明，任何雙方談判，都要先有「誠意」，不能帶有「恨意」，否則必定失敗。因爲，溝通的目的，就是要和諧、要和解；因此，首先要彼此了解，而不是相互傷害，彼此毀滅。

尼采在《查拉圖斯特拉如是說》（Atso Sprache Zarathusta）中有句名言：「有些男人的心中，同時存在兩種因子，一個是追求危險，一個是追求遊戲」[18]。因爲，女人成爲有些男人心目中「危險的玩物」，所以就容易釀成悲劇。

前述清華男女學生在實驗室裡做愛，肯定是危險的，但男生反而很樂意，明顯的就是在追求危險刺激、在玩火，這也正是某些男人的心理：「妻不如妾，妾不如偷，偷不如偷不到」！

所以，在兩性溝通前，先要了解彼此可能的劣根性。在某些女人心中，同樣也有劣根性，此即所謂「男人不壞，女人不愛」。難道清華大學這兩個女生，不知道那男生很壞嗎？但她們就是愛，這就印證了培根的名言：「女性在戀愛中，要她同時有智慧，是不可能的」，即使是高學歷的知識份子，仍會陷入同樣情形。

因此，應該警惕的是，很多情殺命案，追溯到最後，並不只是個個案，而是反映了隱藏在很多男女內心深處的劣根性。所以，如何將兩性溝通導向正確的途徑，才是根本解決衝突的重要課題。

舉此立論，便知如果要溝通，首先是要有「誠意的溝通」。因爲男女的溝通，非常重要的是要有「誠意」、有「誠心」的溝通，這種溝通，並不是想要改造對方，而是誠心想瞭解對方。若溝通只想單方面要對方改變，將成爲品質很差的溝通，一定不歡而散。若溝通時，認爲自己都是對的，凌駕對方，認爲對方都是錯的，然後要對方全然接受己見，那就是盛氣凌人的拙劣溝通。

所以，葛瑞博士呼籲兩性要能「**走出自我，遠離災禍**」，這話很有智慧。因爲，溝通就是要準備修改自我，不能總是自以爲是，堅持自己是對的，否則就沒有什麼好溝通，災禍就會發生。老子

曾經強調：「吾之所以有大患者，唯吾有身」⒆，代表自我中心經常會剛愎自用、自命真理，結果無法溝通，硬碰硬的結果，當然就會有災禍。

總之，溝通的首要目的，就是要了解對方，而不是企圖去改變對方，即使無法立刻全部了解，起碼也要增進了解，降低誤解；切忌自以爲是、各行其是，兩性關係應該如此，兩岸關係同樣也是如此。

二、能正確的了解，有敬意（而非敵意）。

所謂「正確的了解」，要能夠先尋求相同點，然後尊重彼此不同的地方，這就叫「求同存異」，唯有如此，才能顯示敬意。

如果雙方溝通，立刻先挑不同之處攻擊，那就顯然代表敵意，而非敬意。因爲，所謂敬意就是尊重對方的不同，不要企圖去改變。兩性如此，兩岸亦是如此。

例如兩岸制度，當然不同，但如果兩岸要溝通，一下就批判對方的制度，當然就談不下去。然而，兩岸除了制度不同外，還有很多地方是相同的，例如語言、文字、血緣等等，均爲相同之處，若先從相同的地方入手，當然比較好談，要能先「求同存異」，才真正能溝通成功。

兩性的溝通，或者人際的溝通，也是如此。彼此若先挑不同之處，對方自然不會接受，並且很容易立刻全身自我防衛，如同刺蝟一般緊張。所以，要能先從相同的地方切入，這就是「**愛其所同，敬其所異**」，才能成功。

事實上，這種態度也正是一種民主素養，所以法國哲人伏爾泰曾說：「雖然我不同意你講的每一句話，但是我用生命捍衛你有講這話的權利。」這也代表一種敬意，能敬重對方的不同。正如同基督教徒也尊重佛教徒的信仰，自由主義者也尊重保守主義者的言論自由一樣。

尤其，愛一個人，就需要同時愛他的好處與壞處。很多男女深入交往以後，發現對方有缺點時，就企圖要改造對方，甚至想透過折磨對方，讓對方覺得可能失去，對方就會改變，那就錯了。因爲，一個人不可能只有優點，沒有缺點。一個人不可能只要對方的優點，不要對方的缺點，尤其在你來講是缺點，在他來講，可能是優點。當兩人正熱戀時，不太可能看清對方的缺點，但「相愛容易相處難」，一旦開始相處，發現缺點，便經常企圖改變對方，很多紛爭就來了。這時候，就要能「愛其所同，敬其所異」，才能真正促進長久。

男女有很多不同的地方，在葛瑞博士的書《男女大不同》中，他比喻因爲男女之不同，好像各自從不同的星球來到地球相會，當然需要相互探索，才能增進溝通。這種說法正如同《紅樓夢》中所說：「男人是土做的，女人是水做的」，必須相索相知，才能相輔相成。否則如同五行所說，

「水」、「土」是相剋的，水剋土、土也剋水，彼此是矛盾的。也正如同兩隻刺蝟，不在一起時，覺得雙方都很孤單，但在一起時，卻又劍拔弩張，彼此傷害。所以，必須增進溝通，才能相互幸福。

在《男女大不同》書中，葛瑞博士強調，正因爲男女是來自不同的星球，所以要能儘量避免誤解。如何做呢?可綜合分析如後：

1、從「哲學」觀點來講，哲學不僅是「認識自己」(know myself)，也應該「認識別人」，所以應持平、冷靜、客觀的，去瞭解對方的心理與想法，否則如果心存成見，把對方全盤否定，加以排斥，溝通必定會失敗。

2、從「抗壓」觀點來看，男女兩性在壓力下的反應不同，所以不能只用本位主義去瞭解，男性表面上或許看起來堅強，其實心裡卻像小孩一般，更需要照顧與安慰。女性在壓力之下，則需要細心、體貼的關懷，不能動輒以爲小題大作。

3、從「求真」觀點來講，要認清每個人言語背後的真意，因爲兩性相處，有時「又愛又假仙」，無法直接了當表明心意，所以需要耐心與慧心，甚至旁敲側擊，以了解言語背後的真意，否則也無法溝通。

4、從「釐清」觀點來看，要認清表象與事實間的差距，因爲兩性相處，經常「虛實」難

以讓對方捉摸，所謂「女人心，海底針」，男人亦復如此，所以應認清表象與事實的差距，不能誤將現象看成事實。

綜論上述，再對照法國哲人培根（Francis Bacon）「偶像說」，在兩性溝通中，同樣值得重視：

1、洞穴的偶像（Idols of the Cave）：這代表「斷章取義」，只從洞穴看人，從門縫裡看人，當然容易把人看扁，兩性溝通同樣應小心，不能只從片面論斷，否則就會失真。

2、族群的偶像（Idols of the Tribe）：這代表「族群偏見」，例如從前客家人和閩南人，因爲經常械鬥，造成誤解，並形成了一段時期的族群對立，應予避免。兩性之間也應避免因省籍情結造成的錯覺。

3、市場偶像（Idols of the Market）：這代表「道聽途說」，在沒有證據之下亂說，進而繪聲繪影，心生猜疑，草木皆兵，很容易造成兩性情感的傷害。

4、劇場的偶像（Idols of the Theater）：這代表「以訛傳訛」，因媒體的誤導、誤傳，造成當事人的傷害，在兩性的溝通中，爲避免傳聞有誤，必須精準查證，才能真正增進了解，減少誤解。

另外，葛瑞博士並曾經以性愛爲例說明，根據醫學研究，男性要到達性高潮，只要碰觸性器官二至三分鐘，就可以達到性高潮，但來的快去的也快；女性則平均需要十八分鐘才能興奮，還不算到達性高潮。女性所需時間起碼是男性的六倍，而且，女性希望在毫無壓力下做愛，但男性則多追求冒險的遊戲、追求生理的發洩，壓力愈大反而愈過癮，這是男性某些本質上的劣根性。

所以，兩性面對種種這些大不同的本質，更需相互真誠溝通，彼此真正尊重，才能彼此雙贏。

三、不批判的態度，有善意（而非惡意）。

人性的共同點，無分男女，均同樣有「自我防衛」的心理。因此，如果兩性溝通，一開始就採取批判別人的態度，當然不容易被對方接受，即使他（她）原來是錯的，爲了面子問題，也不願意接受，甚至會更加強辯，雙方也就漸行漸遠。

所以，就此而言，兩性溝通若要成功，應該「先予肯定，再予建議」，也就是讓對方先感受到自己的善意，先肯定對方的正面優點與貢獻，然後再提出建議，才容易讓人聽得進去；千萬不能劈頭就批判，氣氛登時搞僵，如果那樣，再怎麼講溝通，都很難成功。

換句話說，對雙方感覺和氣氛而言，很重要的是能有誠意，也就是讓對方感受到，雙方都有共同誠心，而不是讓對方感覺到，根本是有意跟其作對，那樣會形成對抗心態，自然會硬碰硬，溝通怎會成功？。

所以葛瑞博士在此強調：「溝通時，不要對他人先做任何負面的評價。」也就是說，若要成

功的溝通，絕不能先把對方數落一頓，也不能先講負面的評價，尤其不能先用教訓的口吻，或講些回頭話。例如，「我早就告訴你，……」等等口吻，這些只會讓對方覺得你是來算舊帳的，非但於事無補，而且無法真正溝通。

換句話說，如果雙方都有善意溝通，那對從前的是是非非，就須一筆勾銷，至少先放一邊，才能重新開始。如果兩性溝通，還講些「你從前就一直不聽我的」等等，變成全稱命題，全面否定對方、直接數落對方，自然就會破壞氣氛，無法讓人感覺善意，溝通當然也難成功。

這種情形，正如同青少年晚歸，父母明明非常擔心，可是當孩子回家時，父母如果立刻開口責備，孩子雖然知道父母擔心，但總是口服心不服，心裡會產生排斥。

兩性溝通亦然，重要的是雙方要能先面對問題，尋求雙方都能接受的最好方法，而不是先責怪對方，更不是先用負面的批判洩憤，這是兩性溝通的重要關鍵，同樣也是兩代溝通的重要方法。

葛瑞博士便會強調，經常有太太向先生抱怨，對她太冷漠，先生可能因爲工作很疲累，便想閃避話題，但卻引得太太更加生氣，更加開始責備。然而，就先生而論，可能在外面已經有一肚子苦水，回到家正想休息，聽到太太的責怪，很容易發脾氣反擊，如此下去，雙方氣氛便會更加惡化。先生到後來會更冷漠，形成更嚴重的問題。這就是忽略了男女的大不同。

所以，葛瑞博士曾說，男性有所謂的「洞穴情結」，遇到挫折，本只想先回到自己的「洞穴」裡，在自己小天地中整理一下思緒，調整內心波動，在那時候，他不想聽任何的嘮叨，也不想分擔家事。但如果太太這時候誤認先生是不關心她，又不嘗試了解先生的心情，雙方就會相互指責。如果各行其是，並且各走極端，終會不可收拾。

因此，葛瑞博士特別強調，兩性溝通之中，如果任何一方堅持先要批判對方一頓，然後才肯對話，那立刻就會崩掉。因爲，在這種氣氛之中，對方連聽半句都不行，怎麼可能繼續溝通成功？這就是因爲剛開始的出發點就錯了。

所以，兩性溝通，一開始就應該避免批判的心態，要能「先予肯定，再予建議」，才能成功。否則，如果任何一方想搶著講最後一句話，並且想以此來佔上風，不到黃河心不死，這種溝通只會徹底失敗。

四、主動負起責任，有厚意（而非苛薄）。

兩性溝通之中，如果雙方鬧僵了，成爲冷戰，通常都希望對方先低頭，都希望「教訓」對方，讓對方嚐一嚐痛苦的味道，這就逐漸會將愛意變質成恨意。

其實男女雙方，如果本來都有感情，便都想和對方再接觸，只因不懂如何溝通，拉不下面子，

以致雙方任性的結果，經常兩敗俱傷。

尤其，如果雙方中有一人，老是覺得自己是受害者，總是屈居下風，心中總有悲情，總認爲對方應主動跟自己示好，那就經常形成僵局與悔恨。很多情人分手就是這個情形：雙方都在彼此折磨，都不肯讓一步，開始冷戰的時候，想的都是對方的壞處，但等過了一陣子之後，真正分手了，想的卻都是對方的好處，此所謂「**思念總在分手後**」，只是，再回頭人事已非。

因此，爲了避免這種狀況發生，兩性都應該主動負起化解僵局的責任，也就是應該心存寬厚，要能有「厚意」。這就是葛瑞博士所說，「**應該要訓練自己寬宏大量**」。

葛瑞博士在此特別強調：「任何一方均要爲個人付出和收穫，負起責任」。因爲，兩性相處，雙方一定都曾付過心血和感情；因此，對後來的僵局，自己也要負起責任，不能只怪對方。換句話說，如果應該示好而沒有示好，應該主動化解而沒有化解，本身便應該負起重要的責任。

綜合而論，兩性相處，如果真的對溝通有「誠意」、有「善意」、有「敬意」，那最後，就必須化爲行動，存有「厚意」，要能待人寬厚，才能真正溝通成功。

陶淵明曾留下一段寬厚佳話：他曾修書告訴家中的子女，要能善待佣人、僕役，因爲「彼亦人子也」，要能想到，他們也是別人家的小孩，也是別人父母心疼的子女，所以要能好好善待他們。

兩性相處，若能想到「彼亦人子」或「彼亦人女」，對方也是人家父母心疼的子女，勿以恨意折磨對方，而以厚意善待對方，才能溝通成功。

曾文正公也有一段故事流傳不朽：他在外鄉帶兵打仗，其弟修書告訴他，隔壁鄰居修牆，超過應有的界線半尺，侵犯了家園，要其主持公道。曾國藩回了四句話：「千里修書為面牆，讓他半尺又何妨？如今長城雖猶在，不見當年秦始皇。」充分展現其恢宏的胸襟與寬厚的心意。

兩性相處亦然，當任何一方都有「讓他（她）半尺又何妨」的厚意，便不會有任何悲劇發生。

尤其兩性相處，最忌悲情。如果有人誤以悲情為淒美，便會因想不開，而走極端。所謂「悲情」，經常是破壞正常光明前程的殺手，無論兩性、或者族群相處，均應走出悲情、心存厚意，才能拋開陰影，邁向光明！

如果兩性相處，彼此心中均充滿怨憤、充滿悲情，充滿報復心，便會活在情緒化陰影中，無法健康理性的溝通，最後終必釀成更大悲劇。

所以，葛瑞博士特別提到：「負責任的態度，和一般人自命受害者是不同的。」所謂自命受害者，便屬悲情心態。兩性相處，如果一方總是以「受害者」心情，一味自認付出太多，自艾自

怨，或以受害者自居，企圖報復，就不可能有寬大的胸襟體諒對方，到後來容易既害己，也害人。

尼采曾經強調：

「長久以來，一個奴隸與一個暴君，藏在婦人心中，因此婦人不知道純粹友情，只能戀愛。」(20)

尼采講的內容，或有偏頗之處，但其分析的部分女性心理卻值得重視。因爲有些女性容易走極端，當其戀愛之中，愛到深處，甚至寧可做對方的奴隸，但若一旦分手破裂，悲情之餘，卻又寧可成爲暴君，中間似乎並無中庸和平之道，這就容易造成紛爭。

事實上，尼采此說也是明顯重男輕女，忽略了男性同樣有此毛病，「一個奴隸和一個暴君」同樣藏在男人心中。因此，當他愛對方時，甘心如奴隸般做任何事，但若情海生波，或認爲被騙，很可能立刻成爲暴君，甚至不惜殺人自殺。

因此，種種上述極端現象，均屬於人性共同的負面通性，若要避免悲劇發生，只有訓練自己心胸寬厚，要有主動負責的精神，才能有恢宏的胸襟。所以，唯有「走出悲情，胸襟恢宏」，才能真正成功的完成溝通，邁向光明！

第二節　兩性衝突如何化解

莎士比亞在《馴悍記》裡有一句名言：

「任性的女子好像混濁的水流，再渴的人也不想去喝。」(21)

莎翁本句名言只講女性，難免有性別歧視之嫌。事實上，任性的男子也是同樣的情形。對於任性的男子，無論他多優秀，再渴的女人也不想去碰。

重要的是，平常溫文儒雅的男性，怎會突然變成任性？平常溫婉文雅的女性，怎會突然變成任性？最主要的原因，便是在衝突爭吵之中，雙方不知如何化解，結果各行其是、各自任性，變成相互吼叫，甚至暴力相向，對雙方均形成最大的傷害。

因此，兩性如何才能避免衝突？面對衝突，如何很成熟健康的處理？便成爲兩性共同的重要課題。

事實上，天下沒有不吵架的夫妻，也沒有不吵架的情人，連家庭中最親的親子關係、兄弟姐妹，都會經常吵架，更何況是來自兩個不同家庭的夫妻？所以，重要的不是諱言衝突、掩飾衝突，而是要如何化解衝突、消弭衝突。

兩性專家衛大爲（David Victor）在《衝突管理學——從溝通技巧來分析》中，便曾分析種種化解衝突的技巧，兩性衝突如果不能化解，雙方加溫升高的結果，很有可能會變成流血悲劇，甚至死亡慘劇。各種例證，無分中外古今，都是血淚斑斑，歷歷可數。

因此，如何能夠用成熟的技巧與理性的態度來處理？根據《衝突管理學》這本名著的分析，有後列五項重點深值重視，茲特引述其標題，並申論如後：

一、各自調整態度

林語堂先生生前有句名言，當記者問他如何維繫五十多年婚姻美滿，並希望他用一句話說明時，他只講一句：「雙方少說一句話。」

所謂「雙方少說一句話」，就是「各退一步，各自調整態度」，先從最具體的「少說一句話」做起，展現雙方自我克制的精神。事實上，更精確講，林語堂說的內容是說，雙方各自「少說一句壞話」，才能防止衝突昇高，

然而，筆者認爲，這仍嫌消極，更積極的方法則是：「雙方多說一句好話」，多用「抱歉」、「問候」、「想你」等，才更能幫助化干戈爲玉帛。

因此，調整態度代表一種誠意，就是先要表明，還有沒有誠心維繫這段感情？如果有誠心，就

應把原來自我中心的態度退一步，也就是少說一句氣話，退一步則海闊天空，這就代表誠意。若能更多說一句好話，就更有神奇的效果。除非根本沒有誠意和解，否則拚命挑釁，專挑難聽的話講，當然結果必定破裂。

二、瞭解雙方差異

哈佛高曼教授曾經強調，情緒智商(EQ)用一言以蔽之，就是「同理心」(22)；所謂的同理心，就是能從對方立場著想，先能去除成見，才能瞭解雙方差異所在，進而產生同情的理解。

反過來說，如果根本沒有誠心瞭解對方，而只突顯本身主觀意見，甚至只想強行要求對方接納己見，或者逕行貶抑對方意見，認爲不值一顧，那就會變成各行其是，形成敵對與仇恨，如此衝突只有更升溫。

因此，惟有「愛其所同，敬其所異」，才能真正化解衝突；而此中最重要的前提，就是能夠先瞭解差異，才能敬其所異。

三、各自評估差異

評估差異是先要有善意，不要逞一時之快，只知道講一些氣話。要承認對方也有他（她）的長處，也要承認對方也有他（她）的道理在，千萬不能全面否定對方，只因相互衝突，便抹煞對方一

切，盡力把對方「妖魔化」，而把自己「神聖化」。

很多男女快離婚的時候，爲了給自己找後盾，雙方便找親友來，結果問題反而會愈來愈嚴重。因爲，這不但會牽涉到面子問題，而且爲了凸顯自己的正當性，很多人會更加拚命挑對方的壞處，這樣一來，雖然可以發洩情緒，但卻完全於事無補，只有愈來愈糟。

因此，化解兩性衝突的最大要領，就是不要說氣話，要能「重話輕說」，不要尖酸刻薄，否則講出來的話，如同射出的箭，根本收不回來，更如火上加油，只有更具破壞性。

四、再次調整態度

很多衝突擴大的原因都是「炒冷飯」，雙方爲了加強對方的可惡性，加強自己的正當性，會拚命蒐集對方的各種罪證；以致經常會講重複的話，形成每次衝突均在原地打轉，毫無建設性。精神折磨，莫此爲甚！

因此，真正誠心要化解衝突的人，必定要避免炒冷飯，而能在每次衝突中，均能具體地解決一些彼此心結，形成相互克制的狀態。唯有如此，才能在一次又一次的衝突中，一寸又一寸的成長，既具有建設性，也具有成熟性，進而終能消弭衝突，甚至防範未然，共同邁向美滿和平。

五、多用對方語言

雙方衝突之中，若能多引對方的話，多用對方的語言模式，便能發揮降溫作用與化解的效果。因為，這代表你能認同對方的某些看法，並沒有將其全面否定，這在對方心裡會比較受用，覺得受到尊重，情緒便會慢慢平靜，至少不會認為對方存心挑釁。

因此，兩性相處，很重要的化解衝突之道，便是不能只挑對方語病，導致對方氣急敗壞，進而惱羞成怒；而先要能多引述對方與自已相同的地方，進而嘗試說明自已對於對方差異的看法。唯有如此，才能形成成熟而理性的討論，也才能真正化解僵局。

第三節　女性應有的預警與因應之道

葛瑞博士在《男女大不同》書中，針對兩性相處如果發生問題，女性應有何種的預警，曾經逐項分析，並指出因應之道；可以具體的歸納其標題，並申論如後(23)：

一、伴侶不斷忘記曾答應你要做的事：這就代表，他的注意力已經不在你身上，已不像初戀的時候，對於承諾的事，認真放在心上。這象徵對你的關心開始出現淡化，這時就要注意了。

二、你覺得難以啟口，向對方求助：因為兩性相處如果非常融洽時，就應該能無所不談，可是

如果你開始覺得說出口會有顧慮，或者覺得會沒面子，那就代表溝通產生問題，兩人心與心之間有了隔閡，此時便應有所警覺。

三、伴侶雖有付出，但你總覺得不夠：如果心中感覺，總覺兩人相處存有遺憾，代表心中已經常有缺憾感與不滿足感，也就已經產生問題。

四、你無法完全顯露沮喪的心情，並且發現自己一再刻意的隱藏情緒：這表示兩者之間的溝通，已經不再那麼順暢，意味心中開始有問題了。

五、發現自己經常因小事情而大發脾氣，卻有意閃避真正的問題所在：這代表你們中間已經有了問題，但卻借題發揮，無法面對真正的癥結。

六、伴侶似乎不再對你表示熱情，而你也不在乎：這代表雙方熱情已褪色，但又尚未培養出情義，問題便可能產生。

七、心中老是埋怨：為什麼自己付出的比較多：兩人開始斤斤計較，象徵有了問題。因爲真正雙方水乳交融時，會唯恐自己付出的不夠多，而不是計較自己付出的太多。

八、你認為如果伴侶能有所改變，你將快樂很多：這也就是說，你希望對方改變。然而，兩性相處融洽，通常不會要求伴侶改變，反會覺得願意全部奉獻而沒有遺憾，但等到關係有問題時，就會有相反的感覺出現。

九、你時常感到內疚、不高興：如果男女雙方，尤其是對女性溝通有問題，關係出現陰影，但男性卻還沒有感覺，問題就會愈來愈大。

那麼，面對上述九項警訊，要如何因應處理呢？

一、要接受伴侶完全與你相異的事實，並且學習在適當的時候求助，適時求助。

二、內心不滿時，應該嘗試表達，但應儘量保持信任、接納、感謝對方的態度。

三、與男性溝通時要先讓他安心，不要刺激他，使他了解，你不是在責怪、挑戰他，只是想要了解他。如果男性願意傾聽，這時候要表示感謝、鼓勵他。

四、如果你心裡實在很怨憤，無法不去挑戰、責怪對方，先找個女性朋友談談，或者先寫封信，把心裡的怨憤都寫出來，這樣心情會比較平靜，不要直接面對面的衝突。把這個信寫出來之後，可以寄給對方，讓對方有個時間和空間緩衝。

五、練習適度有分寸的求助，表示是在心理無助時所提的抱怨，讓男性不要認爲妳的抱怨是在挑釁他，而要讓他知道妳的抱怨，是因爲妳心中的無助。這樣會激起男性保護妳的心，而不是對抗的心。

六、珍惜對方曾經付出的點點滴滴，不要因為吵架了就全部抹煞，這就是「惜福」、「惜緣」，不要把任何好運都視為理所當然。

七、如果身心俱疲時，不要繼續委屈自己付出，只有減少付出，才能讓對方有機會察覺妳的情形。

八、如果男性提出有益的建議，千萬不要隨便糾正、任意批評。

九、多參加婦女互助的小團體，如晚晴協會、婦女新知等團體，分享個人嘗試改進的經驗，吐露心聲、交換經驗。

十、要多結交有美好關係的朋友，向他們吐露心聲，不一定完全是女性，也可以是男性，他們可以傾聽，甚或給一些建議，雖然這些建議不一定有效。

第四節　男性應有的警惕及因應之道

根據葛瑞博士的建議，兩性相處，若要維持成功的溝通，與溫馨的感情，除了女性應注意上述內容外，男性同樣應該警惕，茲特綜合申論如後(24)：

一、過分重視工作，而不斷忘記伴侶交待要順便辦的事：亦即過分粗心，不復具備熱戀時的細心。

二、答應的承諾無法做到：很早就答應女性要整修某些東西，結果轉眼就忘了，只專心個人工作；亦即對女性輕忽馬虎，久而久之，便成問題。

三、男性完全不了解女性內心感受，卻還不斷告訴她，應該或不應該有某種情緒：例如，責怪女性不應該小心眼，不應該吹毛求疵等等。

四、男性不了解，女性為什麼總是為雞毛蒜皮的小事，計較不停：男性並不是裝蒜，而是真的不了解，女性何以老是爲小事嘀咕不停。

五、男性經常對女性伴侶或孩子漫不經心：如果一句話問三遍，嘴裡問、心裡卻沒有在聽，不能專心，這就代表溝通就有問題了。

六、當女性伴侶開口說話時，男性開始覺得索然無味，甚至會講些不耐煩的話，總是想快快的閃避，這也代表有問題了。

七、兩性在性行為中不再充滿激情：跟剛開始認識時，已經不一樣，換言之，男性若已經對女性失去興趣，感覺食之無味，棄之又可惜，問題便已產生。

上述七項重點，是葛瑞博士提醒男性，應該自我警惕的地方，如果婚姻有這些現象，那就應注意。因爲婚姻已經亮起紅燈；如果仍在愛情之中，那也代表愛情開始褪色，應予重視。

那麼，怎麼解決呢？葛瑞博士也提出因應之道，茲特綜論如後(25)：

一、男性應該學習聆聽與關注：

男性可能並不真的瞭解女性所傾訴的內容，甚至不一定有興趣，但仍然要誠心與耐心的傾聽，才能表達心中的尊重與關懷。

二、計畫性的親密：

如果有些男性認爲聆聽女性是一種疲勞轟炸的話，葛瑞博士建議進行「計畫性親密」，就是先約時間，讓太太（或女朋友）把她的種種感受寫出來；先讓男性有個心理準備，再靜下心來仔細閱讀，以便曉得她有那些委屈。

相對地，女性寫這種信時，要用「關愛而不帶憤怒」的態度表達負面情緒，這點非常重要。在女性心中，雖然是種發洩，但仍然要強調，她是珍惜這份感情的，仍然關心這份情義；而不是用憤怒的態度。若能如此，效果才能非常的大，因爲這才能吻合男性的心理——既覺得受尊重，也油然興起保護女性的責任。

三、男性永遠要記得，必須反覆的跟女性強調，「很愛她」：

根據葛瑞博士經驗，男性必須要口頭的、經常的、永遠的保證「很愛她」，男性經常會覺得講過一次就夠了，或用行動證明就夠了，不用明說，但這正是男性不了解女性的地方。

葛瑞博士指出，男性以爲女性一旦獲得滿足，就會永遠獲得滿足。但並沒有這回事，玫瑰花要每天澆灌，不是只澆一天就可以。男性以爲女性會厭倦「我愛妳」這三個字，其實不會，永遠不嫌多。就像對女性而言，漂亮的衣服永遠不嫌多。

另外，男性要經常講：「我了解」，這話非常重要。因爲女性最喜歡聽到的，除了「我愛妳」之外，就是「我了解」，這代表男性真的把她的話聽進去了，女性才會真正受用。

相對而言，男性最喜歡聽到的一句話，就是女性對他說，「你講的有道理」、「我支持你」，因爲他心中會感覺到受到肯定、受到尊重，當然更願意善意回應。

四、男性要持續地送小禮物：

禮物不論大小，都有浪漫的功效，因爲，這會讓女性覺得自己很特殊、很重要。大部分男性在追求女性時，很會送女性小禮物，但在結婚之後，就覺得不再需要，這是不對的。就像聽「我愛你」一樣，對女性而言，永遠都聽不膩。男性不用送太貴重的禮物，只要能表達愛意就可以，甚至一張小

卡片也可以代表心意。

另外，男性需要持續不斷的送花，不可以因爲是老夫老妻就不用送。所有這些行爲的主要意義就在於，讓女性覺得自己在男性的心目中是很特別的，並沒有被輕忽。

五、芝麻小事意義非凡：

男性要知道，芝麻小事對女性非常重要。因爲，這些芝麻小事，都是女性內心中切身的需要，男性若瞭解這些是女性的切身需要，就代表你看重她。如果男性覺得那只是雞毛蒜皮的小事而忘掉，但在她看來，這代表妳已經忘掉她了，那當然很嚴重。

換言之，從女性的觀點來看，這些小事足以象徵你對她的愛，即使是芝麻綠豆大的小事，都是她的需要，都跟她息息相關。有些女性往往不好意思讓男性知道，這些小事對她的重要性，而未曾說出心中感覺，這就容易造成雙方隔閡。久而久之，即成問題。因此，需要明白說出才行。

六、浪漫的邏輯：

根據葛瑞博士研究，讓女性感到其地位特殊的原則，其實很簡單，那就是「把她擺在第一位」，而且把她看成與眾不同。婆媳之間所以常有問題，是因爲男性經常要面對兩難的問題：到底是太太第一位，還是母親第一位？這就不能由三個人同時碰面回答。

按照葛瑞博士的說法，答案其實很簡單：在母親面前講母親是第一位，在太太面前就講太太第一位，讓她們覺得都是第一位。因爲，她們都是女性。

葛瑞博士指出，身爲女性，無論年輕與否，基本上都很希望自己被放在第一位，因爲，是不是第一位很重要，代表是否被重視。葛瑞博士稱此爲「浪漫的邏輯」，身爲男性，均應深深瞭解。

七、令女人感受到被愛：

葛瑞博士指出：「讓女人感到被愛的祕訣，就是認可且感謝她所付出的情感支持。」換句話說，男性應先認可她，肯定她爲男性的奉獻與付出，如此一來，她心中的委屈才可以獲得平衡。然後要能感謝，千萬不能對她說：「家事，不是妳做，難道是我做？」更不能說：「全天下的女人做家事是天經地義的。」如此對其既不肯定也不感謝，這就大錯特錯。

根據葛瑞論點，對女性，要先感謝再批評，才能提昇女性的自我價值感，否則，即使高學歷的女性，也經常會覺得自己成爲廢物。

葛瑞博士曾提到一個例證：有一對夫妻朋友，先生是醫生、太太是家庭主婦，先生覺得在外面當醫生很辛苦，讓太太吃好、住好，出去也很風光，應該很高興；可是太太天天連做家事都嘮嘮叨叨，她說「我不喜歡只是在家裡做佣人，我不希望有這種感覺。他從來不知道感謝，專挑我沒有做好

的事情在指責，對於做得很好的事情，他完全不感謝，他完全沒有把我當成太太看，而是當作佣人看，使喚個不停。」

因此，男性要對女性先肯定其貢獻，並且感謝她所付出的情感。她做家事跟女佣性質就不一樣，女佣是爲了薪水，而太太則是爲了關心這個家，她並不是冷冰冰的，而是付出情感、付出對男性的支持。男性自應多體認此中的苦心與愛心，才能讓女性感到受重視與認同。

八、必須要有真誠溝通：

根據葛瑞博士指出，男人必須懂得說出，他心中如果沒有受到感情支持，便會感覺多麼的沮喪和失望。他強調，男性不要羞於表達內心的希望。當男性開始學會表達內在的感情，強調他內心非常渴望女性的支持時，女性就會更增強自信，就會覺得自己很重要，從而更會激勵內心的支持。所以從某個意義來講，如果男性讓女性覺得她能發揮母性的光輝，覺得她的伴侶也像個小孩一樣，需要支持，那兩性溝通就算成功了。

綜合而言，在這一節，**葛瑞博士所提出的男女情感警訊，共有七項情感要求：第一個共同點就是「愛」，彼此不帶批判的愛心；第二個是「關懷」，女性更要求被關懷，所以要經常花心思，注意她的需求；第三個是「了解」，女性要求被了解，才感到被認同；第四，是女性要求「被尊重」，才**

感到受肯定；第五，是男性要求「被感謝」；第六，是男性要求「被接納」；第七，是男性要求「被信託」。

在這八項裡，第一項「愛」，是男性、女性的共同需求，共同需求被愛。前二、三、四項，女性的要求更大，因爲女性的心理更需要被關懷、被了解、被尊重，所以男性就必須從關懷、了解、尊重來溝通才會成功。反之，男性更希望被感謝、被接納、被尊重，女性也應多予重視。唯有彼此充分的了解、相輔相成，才能真正溝通成功。

第五節　女性溝通如何自我學習

根據葛瑞博士研究，女性在溝通中，應重視後列自我學習特色，才能更加成功[26]。

一、女性自我學習最重要的特色，是發揮女性的特色，繼續做「溝通的專家」：

換句話說，也就是要能繼續發揮女性的專長，調和人際關係。目前，在企業家方面，愈來愈多的共識認爲，女性在「人性、情感及人際方面」的觀察分析和溝通能力，已經逐漸被認爲是更有價值的資源。

例如，在醫院中，怎麼樣跟家屬說，病人是絕症患者，很多經驗顯示，讓女性醫生去講，就不會那麼冷冰冰，而能用一種更溫馨、更同情的方式表達。另外，公司若要把一些主管或人員解職，能讓女性主管去講，透過比較溫婉同情的方式，也不會激起很大的反彈。

二、女性要能多保持傾聽的習慣，鼓勵對方能多講出來：

女主管的長處，是她們能夠花更多時間去傾聽；因此，很多女經理人共同的結論便是，更鼓勵部屬有參與感，才能更加融洽成功；這其中祕訣，就在多傾聽部屬的心聲。

三、女性原先溝通有所不足的，是應增加「運動、金錢、事業」方面的辭彙：

換句話說，女性和男性溝通，應先捉住男性的興趣，使用對方的語言，例如運動、金錢、事業，乃至政治、選舉等等，均爲主要內容。

四、女性要能懂得幽默，因為幽默能立大功：

經驗證明，在男性鬧僵的狀況中，若能以幽默方式處理，往往能消除敵意，用四兩撥千斤，打破僵局。所以專家提到：「幽默可以建立團隊的精神，紓解緊張，改善溝通，並且化解衝突。」因爲，幽默屬於間接的影響方式，所以也容易降低別人的抗拒心。兩性相處如此，公司中的溝通如此，只要能開口笑，原來冰冷的氣氛便能緩和。

五、嘗試雙贏的方式，不要分出高下：

「人比人，氣死人」，如果兩性溝通中，用硬碰硬的方式，硬要分出輸贏，結果往往非常傷感情，若能雙方各讓一步，讓彼此都感到舒服，才能創造雙贏。任何一方蓄意壓倒性地獲得勝利，結果必定兩敗俱傷，所以要能體會雙贏的微妙，才能更有所得。

六、在言談中要穿插有力的字句：

女性講話，通常容易模稜兩可，讓人覺得沒有自信，所以在言談中要加入一些有力的字句，才能讓人清楚瞭解其中訊息。

七、減少模糊的字眼，不要讓人聽起來太瑣碎：

同樣講一件故事，要讓男性聽得津津有味，需要先講重點，而不能從開天闢地開始講起，講了太多細節，反而失去重點。另外，講話速度也不能太快，速度太快會降低沈穩性、權威性與說服力。

八、避免道歉、否認和過多的形容詞：

因爲，兩性溝通中，男性很注重實質內容與具體做法，如果有太多的形容詞，將被認爲空泛而失去耐心，如果太多道歉與否認，也會喧賓奪主，奪去男性對主題的重視。

第六節　男性溝通如何自我學習

根據葛瑞博士研究，兩性溝通中，男性應同時注重相關的溝通技巧如後：

一、要穿插人性化的運動經：

男性可能厭煩女性一直在談以「人」爲主的話題，包括家庭、小孩等，男性喜歡談以「事件」爲主的政治或經貿話題。所以，整體而言，兩性應多彼此瞭解，女性要多懂一點運動、事業，而男性要多懂一點人性化的話題，才能溝通成功。

二、男性回答通常很簡潔，但要帶有感覺、感情：

因爲，唯有如此，才能讓女性有共鳴，產生參與感，否則會被認爲太呆板、太冷漠，甚至被認爲沒誠心。

三、增加女性文化的語言：

男性在溝通中，應多談人的感情和人際關係，才能多與女性文化的語言契合，從而產生共鳴。

例如：莎克．麥克林便曾說：「爲什麼女導演比較擅長處理描繪情感的細節？因爲她們不會情感這一幕結束後，立刻喊卡；而會讓鏡頭持續的轉動。」換言之，女性（女主角）的情感如果很入

戲，就算原來的鏡頭已經告一段落，女性導演還會讓原來的情緒持續自然流露。但是男導演卻會立刻喊卡！由此可見兩性之不同。所以應互相瞭解後，才能心心相印，增加共鳴。

四、男性要學習積極的聆聽：

因爲，從男性的立場來講，在傾聽女性的困惑時，如果女性講到一半，便自以爲是的講：「我跟妳說，應該怎麼做」，那就會錯意了。因爲，根據兩性專家茱莉亞絲的分析：女性在傾訴抱怨時，重點並不在解決問題，而在於希望你同情她的處境、了解她的心情。

所以，根據許多企業家的經驗，很多女性的經理會講：「抱歉，我不需要你告訴我該怎麼做，我只需要一些同情。」因爲，對於應該怎麼做，實際上她也是知道的，她並不需要男性的忠告，而是需要男性的體諒與同情。

換句話說，男性應給女性她們自己想要的東西，而不是男性自以爲是想給她們的東西。女性想要的，就是得到關懷、得到同情，而不是真正要男性給她們答案、解決方法。所以，男性應多設身處地，瞭解女性的立場，才能真正瞭解她們的心情。

五、兩性溝通平手或雙贏，都比分出高下要好：

兩性溝通中，彼此心態，既不能是大男人主義的自我中心，也不能是大女性主義的固執己見，

因此，不能硬要分出高下，而是彼此要能在相互體諒中各自讓步，才能真正雙贏。

六、稱呼女性用對等的形容詞：

葛瑞博士強調，若在律師聚會的場合，男性對女性律師的稱呼，應稱律師們，不分性別，或者稱「各位男律師們、女律師們……」，但應避免講「各位律師、女律師們……」，其意義在於不要特別凸顯性別，否則反而形成不對等。

第三章　兩性愛情如何成功

第一節　愛情之福音

《愛情的福音》是唐君毅先生在民國三十四年所「譯」，在兩性學的著作中，是最具哲學性的一本。

唐先生雖然說是他「譯」自印度，但世人卻從未聽過印度有這麼一本書，因而盛傳為其本人所作，只是假托印度哲人而已。民國六十四年，筆者曾經親口問過唐先生，這本書是不是他自己寫的？他有點靦腆的說，「也有根據，也有根據」，雖未正面回答，但也形同默認。因為本書內容，很多都有柏拉圖與黑格爾等哲人的影子，當然是「有根據的」。

這本《愛情的福音》之體例，是以對話的方式，寫一位印度先知退隱之前，應年輕人要求，對愛情所做的問答。全篇採柏拉圖對話錄方式，進行的論辯過程，也明顯有黑格爾「正反合」的型態，尤其深具「精神哲學」特色。今特擇其十二項主要問題，論述對話內容於後(27)。

首先，有位年青人問先知第一項問題，說他這個問題，是先知以前所沒有提過的，而過去的先知，也很少觸及。這個問題，從超世的眼光來看，可能不重要，但就現世的眼光而言，則非常重要，**那就是「愛情」**。

這位年青人接著說，他們非常肯定先知所講的精神格訓，可是德國哲學家席勒也說：「無論哲學家們怎麼想，世界還是被愛情、飢餓所支配。」因此，這就是說：在這個現實世界中，民眾所普遍關心的切身問題，還是「民生」與「愛情」問題，如果這兩個問題不能解決，那大半人都會生活在物質與精神的恐慌中。

所以，這個年青人指出，哲學家應該注意這兩個問題，從形而下的角度來看，肉體上的情慾需要解決，但精神上的飢渴，也需要解決；最完美的解決方法，就是靈肉合一，這是哲學家應該要探討的切身問題。

因爲這些青年本身論述很完整，等於在講序曲，所以先知只是專心微笑的聽，表示認同。然後，這個年青人繼續申述**第二個的問題**。

他說，當這些哲學家宣揚精神教育的時候，多半已到他們的晚年，已經不需要愛情了。因爲當哲人先知智慧成熟時，大多已經六、七十歲了，情慾也消退了，愛情的需要也就不那麼緊迫，他們不再重視這個問題。另外，宗教上的先知通常從根本上就鄙棄這個問題。

所以這位年青人就問，**如果感情的事，程度高的人不屑談，那麼一般人該怎麼辦？他們的慾念又必須滿足，怎麼辦？**但程度高的人和程度低的人，愈分愈遠，問題似乎永遠不能解決。

因此，針對這項問題，在《愛情的福音》裡，唐君毅歸納出愛的根本意義，可以分成四種：

1、對「真理」追求無限的愛

2、對一切「美」無限的愛

3、對一切生命無限的愛，也就是對「善」的愛

4、對「神」本身的愛，對一切愛之源的愛

唐君毅認為，在愛情裡，應追求這四種愛，實現「真、善、美、神」。如何在愛情中實現「真、善、美、神」呢？根據唐君毅看法，實現「真」的價值，就是必須真誠、誠實，彼此之間不能掩飾；實現「美」的一般價值，就是在愛情關係中能溫厚、體貼；實現宗教「神」的價值，就是要有尊敬和信心，如同敬神，對神有信心。而所有這些真、美、神所展現出來的德行，都是「善」。

在唐先生來看，這幾項互有循環性，因為「善」的本源就是同情而不自私，（也就是EQ所說的「同理心」），必須同情，才能體貼；要能體貼，才有真正的了解；要有真正的了解，才能真正知道，對方人格中可敬可信之處，也才能真正信任對方，表現真正的真誠。這就是如何在愛情中實現真、善、美、神。

緊接著，年青人很坦率的問了**第三個問題：其實我談愛情，最終仍然只是要得到女性的肉體，**

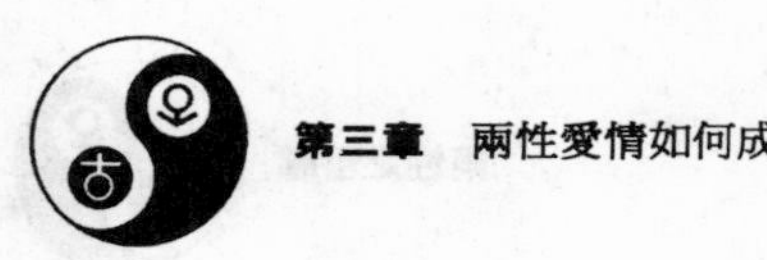

怎麼辦？

先知回答說：你以為你要求對方的只是身體的結合，其實你所求的是你生命精神的結合。縱然你們是只有身體結合的時候，實際上也不只是身體結合，而是生命精神的潛在之間，有一種神祕的契合。

先知在此並且強調，「男女間只有最高的人格彼此感應和諧，才能有最高的人格和靈魂的結合。這可以還歸於靈魂的最深處而感受更深的歡樂。孩子們，你們的目的縱然在獲得肉體的歡樂，但是首先也要要求內在靈魂人格的最深處。」

哈佛大學教授高曼（Goldman）在《ＥＱ》中曾說，ＥＱ就是「同理心」，而同理心的最高境界就是「性愛」。因為，當彼此都很有氣氛、很有感應時，水乳交融，兩人沒有任何隔閡，都完全為對方著想，希望把一切都貢獻出來給對方，彼此就能完全融通無礙。高曼教授說，這種性愛就是ＥＱ的最高境界；用簡單的話講，就是唐君毅在此所說的「靈肉合一」。

另外，**第四個問題，又有個年青人問先知：究竟什麼才是男女之愛的最後目的？**

針對這個問題，先知回答說：男女之愛的最後目的，就是要脫離原始的生物本能。在男女之愛中，自然增加純精神的成分。所以，他強調，相處愈久的夫婦，彼此愈能重視道義關係。大部分的老

夫老妻，到最後不再有激情，但會成爲恩情的結合。所以先知說：「愈長久的夫婦，必然成為愈純粹的道義關係，忘掉彼此的男女關係，而成為純粹的朋友。」

一般男女朋友在分手後，很難成爲純粹朋友，主要就是只因爲情慾而結合；但若以情義結合，便仍能成爲好朋友。很多老夫老妻彼此在歷經滄桑、相互扶持後，反而更容易成爲純粹的朋友，就是因爲有深厚的情義基礎。

然後，**年青人又問第五個問題：「愛情何必專一？」**年青人認爲，兩情還沒定下來之前，甚至定下來之後，如果只愛一個人，豈不是太虧了嗎？爲什麼要如此呢？

唐君毅便引佛經妙答：「弱水三千，只飲一瓢」，他強調：此時一瓢就代表三千，三千也集中於一，此即佛學中經常說：「一即一切，一切即一」。

當然，從客觀事實來說，心中女友只是全世界上所有女性之一，也就是，頂多爲三千中之一。但若從主觀情義來說，有了這個「之一」，就等於有了全世界。所以，唐先生也用另一種比喻：「愛情如光，光如果分散，照的廣，光便會變得很淡。」

唐先生以光度比喻，就愛情來說，愛情的量是相等的，男性如果「博愛」，所照出來的光就會很淡；但如果光集中照一人，光度就會很強。如果分散了光，到最後一定會由淡而到虛無。因此，

只有彼此集中這種光，才能像鏡子般的互相輝映。

除此之外，唐先生又特別強調：

「孩子們，你一定還記得定情的時候，當你心動而且很認真定情的時候，你應當對那個心境負責，使你有一致的人格。」很多情侶或夫妻，在吵架要分離時，通常都只想到對方的缺點，而忘記剛開始定情的美好時刻。所以，唐先生也提醒兩性，要能多回想從前定情的時刻，而對當時的心情負責，本身才能有一貫的人格，也才不會輕易背離曾經與你定情的人。

針對唐先生這種講法，青年人又問**第六個問題：「男女之間最高道德是什麼？」**

唐先生回答是：「互信」，互相信任對方。因爲，很多婚姻的不幸，都是來自彼此猜忌——「猜疑」和「嫉妒」，這可說是婚姻與愛情的最大殺手。所以，唐君毅先生把互信當成兩性的「最高道德」。

唐先生並強調，互信是絕對的，也是促進心靈彼此相連的互動象徵。因此他提醒，絕不能玩弄異性，當一個人只想佔有、只希望別人愛你，而你卻不願意付出同等的愛時，這就形成一種罪過。如果是這個樣子，這個人的愛情人格就有缺陷。根據唐先生的說法，愛情人格與道德人格、精神人格同樣重要，應予重視，才能形成整體的人格。

第七個問題，年青人說，他愛上一個人，但常常因此妨礙工作，忘了所有其他人，這怎麼辦？

唐先生回答說：陷溺在愛情中是種罪過，因爲「孩子們，你們不可以真忘了世界，忘了你在世界應盡的其他責任，如果你們以爲人生的意義，只在於與所愛的人共同享福，就犯了莫大的過錯，因爲你要知道，你忘了世界，但世界其他的人並沒有忘了你。」

唐先生指出，也許在你的歡樂時刻，還有人在孤苦哀嚎，還有很多痴男怨女希望別人給他們一點安慰。也就是說，當你們在享樂的時候，這個世界上還有很多人在痛苦中，或者在惦記著你，因此，怎麼能夠忘了他們呢？當你沒有心關懷其他親人的時候，你又怎麼能有心長久愛一個人呢？

第八個問題，有個女孩子問他：有兩個男孩子死心塌地喜歡著她，她很不忍心，不願他們任何一人受痛苦，怎麼辦？

唐先生說：如果他們是平等的份量愛妳，那妳可以請問妳父母、兄弟姐妹。因爲，他們不會覺得兩人都同樣的好；同時，無論妳答應愛哪個人，必定讓另一個人痛苦，而且妳愛的那人的幸福，是與另外一個人所受的痛苦相等的。所以，對他們兩個人，不能同時的愛，這時應讓親友們覺得，哪個對你比較好，因爲這其中還包含了親友的愛。

另外，唐先生也建議女孩子，要注意是否有其他的人愛他們。如果其中一個有，其中一個沒有，

那她應去選擇那個沒有的，給他多一點愛。對已經有異性在愛他的人，則應該捨棄。

除此之外，唐先生又提到，若要避免任何一個人痛苦，那就終身不嫁，終身以寂寞來回答。這時如果有一個人感動了，說他寧可犧牲自己，成全他人。那你就考慮選擇他。如果其中一個人無動於衷，只爲自己想，那麼就千萬小心不要選他，因爲他很貪心。

第九個問題，青年人問道：「愛情是否有條件？」

唐先生的答案很清楚：「愛沒有條件，因爲你愛的是他，而不是他的任何條件。凡是說的出的條件，永遠是可以比較的、是相對的。」

唐先生指出，如果你愛他，因爲他學問好，那麼比他學問好的更多；如果你愛他肯上進，那比他上進的人更多；如果你愛他長得帥，那比他帥的人更多。所以，凡是說得出條件的，都是可以比較的，只是相對的；如果你只重視這些條件，那將沒有一個伴侶可以使你永遠滿足。

所以，唐先生透過先知回答：

「孩子啊，如果你是愛對方的學問，那你就當他的學生好了；如果你是愛對方的地位，那你就當他的部屬好了；如果你愛對方的品行，那你就當他的朋友好了，爲什麼一定要當他的終身伴侶呢？」

根據唐先生的說法，愛情是沒有條件的，或者說，愛情是所有條件的綜合。因爲，基本上，愛是一種整體的直覺，跟客觀的外在條件，沒有什麼太大的關連。這正如同康德所說，是一種「超越性的綜合統覺」。

第十個問題，青年人問道：思念的時候怎麼辦？

唐先生回說：「不要爲離別而悲傷。」這正如中國有句名言：小別勝新婚，「離別增加你們的思念之苦，也增加你們更深的感情；離別使你們回想過去的一切事情，離別的痛苦必然轉化爲再見面時的歡樂，兩者的質量絲毫不減。」

所以，唐先生強調：「你思念的時候，彼此是感同者，你在思念他時，你的思念也達到他的靈魂，因爲精神和心不受空間的限制，可以越過空間限制發揮作用，這是鐵的真理，任何人不能摧毀。」

這就屬於一種「距離美學」，因爲兩人若太接近，有時反而容易磨擦，彼此容易只看到對方缺點；但若短暫分別，便會只想到優點，而忘掉缺點。這對治療相思之苦，也是一種心理妙方。

另外，**第十一個問題，有一個先生過世的太太，問起先知，她的心情該怎麼寄託？**

唐先生回答：「你愛的人是不會死的，你要深信靈魂是不死的。」「因爲靈魂是藉軀殼而表

現，而不是由軀殼而生。」唐先生認爲，並不是有了身體才有靈魂，靈魂並不隨軀殼而生，所以也不會隨軀殼而死。靈魂一直是存在的，只是藉身體表現而已。唐先生於此，明顯融合了從柏拉圖以降，到黑格爾的「靈魂不朽論」。

所以，唐先生又強調：「人的精神靈魂永遠存在，你覺得他死，只是你看不見他，好像太陽落山，他只不過轉到地球的那一面去了。這個比喻可能不是很好，因爲這個比喻至少你看不見太陽光輝，但實際上，他愛的光輝還是永遠照著你。」

除此之外，唐先生又融入了中國佛學所說的緣份，「如果你們真心相愛，你們必有來生的夫妻。」這也正是佛學所說的「因緣」，在愛情之中具有極重要的角色。

第十二個問題，年青人又問：失戀了怎麼辦？

唐先生回答說：「不要爲失戀而悲哀，因爲必須互相反映愛情，才是真的愛情，如果你的愛之光向他照射，而他沒有反應，就像用一面鏡子照另一面鏡子，可是另一面鏡子根本不存在了，那還照什麼呢？那何不拿鏡子來照你自己。」

換句話說，唐先生認爲，應把愛對方的心收回來愛自己，因爲愛自己，就不會自殘自殺，也不會自我頹廢；如果你認爲那個人不值得你愛，那就更不值得爲他犧牲。

這在道理上很清楚，可是仍有人容易情緒失控。所以唐先生另外強調的重點，是把小愛化成大愛，也就是「移情作用」。失戀的人們應同時注意，世界上還有多少人在挨餓、哀嚎，希望能多多的關心他們。所以唐先生所說的話，也有積極的作用：

「自古以來，還有多少的真理沒有人去問，它們很寂寞，你們爲什麼不去多愛真理呢？你要多愛自己，多愛人類，用這些來化解失戀的痛苦。」

第二節　如何把握愛情

日本作家源氏鷄太郎，曾經獲得日本大眾文學作家最高榮譽的「質木獎」，很擅長描寫小市民的悲歡歲月，是日本很具影響力的作家。他憑藉著敏銳的觀察力，著有《抓住愛情五十三招》，雖然，其中有很多項含有濃厚的日本式大男人主義，並不適於現代潮流，但也有很多經驗之談，直指男人本性，值得女性參考，所以特別濃縮成九招，分別申論如後。(28)

一、「今夜不撤防」

源氏根據他對大男人主義劣根性的了解，所以，對女性提出直率建議，「今夜不撤防」，強

調女生對最後防線一定要堅守。因爲男人追求神祕感，所以，如果女性撤防，最後吃虧的仍是女性。他很了解男人的心理，對女性一旦到手之後，就很容易轉移目標，喜新厭舊。所以女性如果要把握愛情，第一要義，就是要儘量保持神祕感，否則必定自己吃虧。

因此，源氏有句名言，鄭重警告普天下的女人：「沒有哪個男人，因為女人跟他說NO，他就真的放棄。」根據源氏經驗，男人爲了要跟女人親熱，會找盡各種的理由，但女人千萬不能聽信！妳愈說「不」，愈有神祕感，他就愈愛妳；如果妳撤防了，失去神祕感，他就會慢慢遠離。萬一因爲妳說不，而他真的放棄，那麼，這種男人不要也罷！

二、「同情可能是愛情的前奏」

根據源氏看法，因爲女性天生的母愛本能，所以男性若要爭取女性的認同與青睞，應先激發其同情心，才更可能成功。

所以，男性不要一直表現得太強勢，必要的時候，應表現出需要女性的幫助與扶持，才更能獲得女性認同。源氏有句名言：「你要對方了解你很需要她的支持，愛情才會大力幫忙。」

他舉例說，有兩個人同時喜歡一個女孩子，一個家世很好，有不錯的收入；另一個，她也很喜歡，但看起來很脆弱，從小就沒有人照顧，有一種自憐自棄的性格。最後，這個女孩子反而選擇了後

面這位男性，這與唐君毅先生上述論點，可說完全不謀而合！

根據源氏的經驗，他曾經聽到一個酒店老闆，訓斥一個失戀的年輕人：「如果沒有失戀過，這種人生太平淡無味，這哪裡算是人生呢？失戀也許會有一陣子的痛苦，但是也可以得到很多的閱歷，這不是很划得來嗎？」

三、「失戀是成長的開始」

然後，這位老闆接著又說：「女人結了婚後都差不多，你問我有什麼證據，你不妨聽聽到酒店來的客人，如何數落他們的太太，都是千篇一律，差不到哪裡去，人到老就變孤獨了，唯一可以感到安慰的，就是過去的那些回憶。」

所以，源氏結論：「人因為失戀而更顯得豁達成熟」，並把它稱之為「失戀是成長的開始」。

四、「有點黏，但不要太黏」

如果太黏，男性會覺得沒有自由，如果不黏，女性會覺得不夠安全。這正如同孔子感慨：「唯女子與小人難養也，近之則不遜，遠之則怨」。若從心理分析，為什麼會這樣呢？孔子在此將女子與小人相比，當然引起爭議；但若從兩性相處而論，既不能太「遠之」，也不能太「近之」，就是「有

點黏，又不要太黏」，仍然有其警惕性存在。

此中道理在於：因爲本質上，女性要求「安全感」，而男性要求「空間感」，兩性在這兩個中間要有平衡點，才能真正相處融洽。

換句話說，兩性相處成功之道，既要有「親密」，也要有「自由」。親密就是「黏」，自由就是「不太黏」，兩者間的辯證統一，要能有中庸之道，避免「過」與「不及」，才能成爲兩性相愛長久的祕訣。

五、王老五如何看待有魅力的女性？

根據源氏分析，可以歸納爲後面十種：

(1)長相均衡、端正
(2)能夠體諒他人
(3)性格開朗、容易相處
(4)溫柔體貼
(5)不愁沒有話題，不會彼此沈默、不知如何開口
(6)樂於傾聽

(7)懂得分寸，不要給你沒面子

(8)風趣，富於機智

(9)很會打扮

(10)尊重男士

當然，從這裡可以看出「大男人主義」濃厚色彩，例如「溫柔體貼」、「不要給你沒面子」、「尊重男士」等等，但在現實世界中，很多男性的確如此，有時「形勢比人強」，因此仍須女性重視。

六、不值得一顧的女性

根據源氏分析，在男性眼中，也可歸納如後：

(1)陰鬱沈悶

(2)冷淡，不容易親近

(3)喜歡探人隱私

(4)不主動幫忙工作，到處需要人家伺候

(5)倔強難纏

(6)愛打彈珠，沈迷賭博

(7)不懂的，還要插一嘴

(8)依恃女性天生資產，過分情緒化，一哭二鬧三上吊

(9)不懷好意的眼神

(10)抽煙

上述內容，同樣很多是屬於大男性中心的自我標準；例如認定女性「容易情緒化」為其「天生資產」，男性自己可抽煙，女性則不可以等等。但因現實世界確屬如此，因此仍然值得列出，做為女性瞭解男性心理的參考。

七、「愛到深處無所懼」

根據源氏歸納，愛情成功之道，不能怕任何的困難，要有大無畏的精神；有人雖然家世不好、收入不佳，但是只要不怕挫折，不怕橫逆，還是勇往直前、不灰心、不氣餒，最後必能感動女性，贏得芳心！

八、理智是婚姻這場賭注裡必備的籌碼

源氏認為，兩性熱戀時，很難有理智的思考，若要長期相處，則需要有理智。如果走向婚姻，

更必須同時用理智，予以縝密思考評估，要從各方面慎重考量。

根據源氏看法，「男人受女人控制，女人受魔鬼控制，男人凡事憑道理，女人凡事憑感情，兩性之間最大的差異似乎就在這裡，必須記得的是：道理在感情的風暴前總是不堪一擊的。」

因此，戀愛成功與否的祕訣之一，就是早日發覺男女間的差異，然後共同運用理智，成熟地經營新生活。

九、愛他，先學習容忍他的家人

源氏特別強調，結婚不只是跟對方一個人結婚而已，而是跟對方的家庭都要保持良好的關係；如果對其他的人都不管，只愛對方一個人，那到最後，後果也會不堪設想。

所以，源氏提醒熱戀中的兩性，若愛他，就要先容忍他的家人，即使並未論及婚嫁，若要感情融洽，也要學會容忍、尊重對方的家人。這點看似東方傳統，其實無論東西方，均有其深刻道理在其中。

第三節　如何增進濃情蜜意

很多情人雖然彼此有心，但卻拙於表達，或缺乏具體方法；因此，對於如何經營愛情氣氛，以

增進濃情蜜意，專家曾經提出多項具體方法，深具參考作用：(29)

一、共享樂趣：

兩人應找出共同喜歡做的趣事，因爲，任何人都有自己喜歡的趣事，所以應多加入對方的嗜好，這對提高二人的情趣很有幫助。專家在此具體建議：請你先列出對方最喜歡的五項運動，在這五項裡，你把自己最沒有興趣的列爲第一項，其次爲第二項，然後再去配合對方的興趣，共同度過有樂趣的時光，將有極大功能。

二、幫對方完成心願：

首先應問問你的情人，請他（她）說出三個最想要的願望，然後盡心盡力，幫情人能達到心願，這將令對方有極大的感動與溫馨。

三、分享笑話：

應嘗試著互相提供笑話、提供歡樂，講出來和對方分享，然後彼此開懷大笑，這是很好的拉近情感的重要方法。

四、過一種童心日：

兩人可找一天，一起去兒童樂園，做兒童做的事，也就是自己過一個兒童節，過一個「童心日」，不要過於嚴肅；如此不拘形式，完全放開心情、展現童心，也很容易拉近距離。

五、重視紀念日：

兩人彼此之間，應記得所有的紀念日，因爲這代表了心意。尤其，若能在對方毫無心理準備下，給對方一個驚喜，更能增加愛人情意。

六、經常讚美：

兩人彼此之間，應多讚美。兩人要能經常讚美對方，尤其在重要恰當時機，慷慨的送上讚美，將有莫大的功能。因爲，讚美是潤滑劑，讚美尤其是開心果。

七、勤於送花：

花的魅力很難令人抵擋，無論任何理由，無論年年月月、日日夜夜，都可以送花；若能夠親自送更好，若再附個小卡片、寫寫賀詞之類，就更有好功效。

八、創造黃金時段

一般的「黃金時段」，在指電視的八點檔；然而，此處所指卻是在八點的時候，把電視關掉，出去散散步、吃個小館、看個電影，讓彼此有溝通的機會，而不要枯燥的坐在電視機前，成了「電視夫妻」。如此長期的營造黃金時段，創造生活情趣，便能永遠創造新的愛情生活。

第四節　兩性愛情四階段

簡春安教授曾把愛情經歷，分成五個階段，對這五個階段，兩性都要有正確認知，才能加強自省，並找出因應之道：(30)

一、友誼探索期：也就是雙方初步有好感，或者一見鍾情，只是還沒行動，也還沒有很熱情；所以，此時多半彼此探索，小心翼翼，開始友誼的嘗試，並謹慎的避免受到傷害。

二、愛情火花期：其實這就進入了熱戀期，兩人往來火熱，天天如膠似漆、想著對方、念著對方，生活開始有些反常的現象；心目中所想到的對方，此時都是好的，這種情景維持到一定時期，就會進入新的階段。

三、理性認知期：因爲熱戀一陣期間之後，便開始理性分析，下一步應怎麼走，也開始認知到，雙方除了性的吸引外，是否應該還有其他因素。此時也開始發現對方的缺點，或者意見不合，並且開始認真考慮，應更進一步或分手。

四、徬徨抉擇期：也就是理性認爲應分手，但感情上又捨不得；兩人相處會有爭執，但分開又想起對方，如此「剪不斷，理還亂」，情感上會反反覆覆、折騰很久，精神折磨也很大。所謂「天若有情天亦老」，纏綿緋惻，情催人老，正是此種情形。

五、整合或分手期：此時若決定整合，就要包容對方的缺點，除了情慾之外，還要在理念上相互認同，生活上相互容忍，要有情義的成分注入，才能相互諒解、包容，穩定的向前走。如果要分手，就準備會有一段痛苦期；雙方能否有風度的分手，能否重新站起來，形成「建設性的分手」，均需要有成熟的心智，與正確的認知。

那麼，面對上述這五階段，應如何健康而正確的因應呢？筆者認爲，可歸納如後：

一、面對第一階段「友誼探索期」，應「注重群體，廣交慎選」

應該先注重群體生活，廣泛的交往，不要一下子就窄化成兩個人，如此將會失去廣泛探索、了解的機會。所以，在這一階段，要多交往正常的朋友，在公開而明亮的地方交往，才是一種健康、健全的發展。

二、面對第二階段「愛情熱戀期」，應「保持距離，以策安全」

因爲，兩性在熱戀期，很可能喪失了自我、喪失了理性，在現實經驗中，容易吃虧的還是女性；男性可以講的很瀟灑，「不在乎天長地久，只在乎曾經擁有」，可是女性卻可能因爲懷孕而造成終身傷害，或因身心受傷而感情受創。所以，這個階段最重要的要領，就是保護自己，保持距離，以策

安全。

三、面對第三階段「理性認知期」，應「整體評估，考量長遠」

因爲，激情消退之後，需要從理性認知彼此的關係，評估是否要繼續交往，走向結婚，或者只退回一般朋友，以免繼續受傷害。在理性認知的時候，對方的缺點會一一浮現，此時就會發現「相愛容易相處難」，需要評估自己是否能容忍。尤其兩性相處並不只有兩個人問題，還包括雙方家庭的相處，因此需要整體評估，考量長遠。

四、面對第四階段「徬徨抉擇期」，應「循序漸進，順其自然」

因爲，如果兩人開始有爭吵，彼此中間會反目，這就進入徬徨困惑期。此時容易傷神憔悴，只有順其自然，才能保持身心健康，也才能保持頭腦清醒。

面對分手的時候，最重要的，不能躁進、不能衝動，而要能循序漸進，讓對方能逐漸接受，同時要在顧及對方感覺與心情之下，一步一步慢慢分手，否則很容易會有難以預知的風險。

柏拉圖曾強調「哲學者，擇學也」，在兩性相處各階段，如何做正確而且明智的抉擇，也正是兩性哲學的重要課題。

第五節　分手的哲學

一、分手的五種心路歷程

兩性分手，若能成熟、理性、圓融，則對雙方都能成長，都能有利；但分手如果情緒化、不甘心、心存報復、手段暴烈，那雙方身心都會受害。

情場如同戰場，競爭時如此，撤兵時也如此。一個成熟優秀的將領，若從戰場要撤兵，也應進退有據，在深思熟慮後，井然有序的進行撤退，不能慌亂、不能失控。兩性分手亦然。

生死學名教授芝加哥大學羅絲（Elizabeth Ross）曾經歸納臨終病人的心情，因為要與這個世界「告別」、「分手」，所以五味雜陳，至少有五種心路歷程。(31)

婚姻若快破裂的情形亦然，如果伴侶彼此快要分手，其過程心境，同樣可分成類似的五個階段。若能充分瞭解，對撫平心境將有很大的幫助：

1、否認（Denial）

也就是不願面對殘酷的事實，尤其不肯承認會發生在自己身上。有的是客觀上難以置信，有的是主觀上不願相信。因此，均需要相當時間歷經心境的衝擊，才可能逐漸承認。

2、憤怒（Anger）

也就是當聽到對方提出分手時，有一種被遺棄、被羞辱的感覺，在女性來講，覺得是被遺棄；在男性來講，則是感覺被羞辱，因而非常憤怒。此時，必須用耐心與體諒相待，絕不能用粗暴方式回應，否則便很容易釀成悲劇。

3、討價還價（Bargain）

病人驚聞惡訊後，通常仍會心存僥倖，也就是仍然心存不甘，並心存期待，企圖挽回生命；因此極力討價還價，希望仍有生機。兩性分手時亦如此。

4、沮喪（Depression）

病人如果已知無望，討價還價無效，便會開始沮喪。兩性之間亦然。如果嘗試過多次，仍然無法回歸舊好，心裡便會開始沮喪，整個生活感到失掉重心，心情開始低落。

5、接受（Acceptance）

也就是經過上述心情的翻騰，或反覆的重演，最後只有無奈的接受。在此，「失戀」與「失婚」的心境，與臨終前將失去生命的心境，爲同樣型態。

當然，根據生死學家的經驗與理論，上述五項階段，各階段的時間長短可能不一，前後順序也

可能不一，因各人而異；然基本上均會經歷這五段過程。兩性分手的過程，其情形亦相同，所以仍值得做爲參考。

二、分手應避免的五種毛病

筆者認爲，分手應避免的五種毛病，可以歸納如後：

1、不要挑剔對方

很多人爲了要分手，一再挑對方的缺點，以達到分手的意願。但心理學家施爾維（Silvestri）強調：這樣只有反效果。因爲，如果爲了強化自己分手的決心、或爲了讓對方願意分手，而改變自己平常的溫馨溫厚，一再挑剔對方的毛病，其分手絕不會平和而人道；反而突然之間把兩人關係鬧得非常僵，形成充滿憤怒的火藥庫，造成難以預料的後果，絕非良好上策。

2、不要糾纏對方

兩性相處，如果一方已經提出要分手，但另一方卻不樂意，反而緊迫釘人、拚命糾纏，同樣只會引起對方的反感，並且快速折損自己的尊嚴。所以，最好的方法，是相互冷卻，彼此先暫時分開一陣；如果雙方仍有情有緣，在此時間還可想起對方的好處，而重新調整，恢復舊情。因此，即使是仍

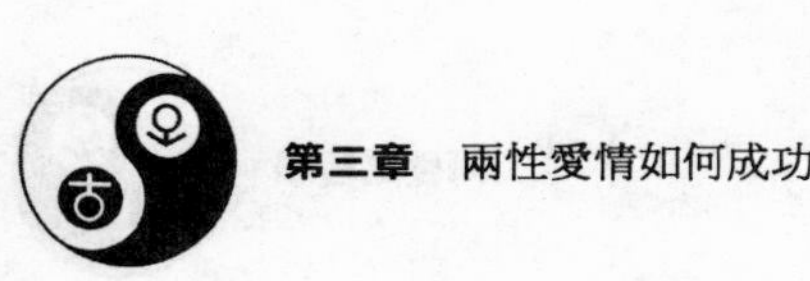

有意要挽回，糾纏反而是最壞的方法。

3、不要誤導對方

換句話說，如果兩人決心分手，便不要讓對方誤以為你是以退為進、欲擒故縱，雙方需要很誠懇而直率的表達訊息，並以尋求雙方均能接受的共識為目標，否則只會更拉長痛苦，造成長期的精神折磨。

4、不要激怒對方

因為，雙方既然要分手了，就不應再數落對方、指責對方，做為分手的理由，而應盡量的安撫、慰問。否則只會激怒對方、造成更大的衝突。很多的情殺案發生，均是因為這種情感相互激怒，終於變成失控，不能不慎。

5、不要報復對方

因為，如果一心想要報復，不但本身心情一直處在痛苦中，而且會造成冤冤相報。如此玉石俱焚，只有兩敗俱傷，獲勝的一方只逞一時之快，事後仍然會很後悔。因為自己也未得勝。很多由愛生恨的情變，歸根究柢，也是因為心存報復而生，同樣深值警惕。

三、分手應調整的五種心情

上述五項，仍屬消極方面應該避免的毛病，然而，若從積極面看，應如何從心理上建立正確觀點，筆者認為，亦可歸納成五種心情。

1、要能虛心

亦即應虛心檢討，何以變成這個樣子？也要能勇於反省自己，而不能老是挑剔對方，只見對方眼中的刺，不見自己眼中的荊棘。

2、要能寬心

亦即心情要能放寬，多往開處想、要往大處想，才能脫離苦海；退一步，立刻就能海闊天空。

3、要有誠心

亦即不要輕忽對方心情，而要誠心誠意，多加慰問、多加傾聽，否則很容易被對方認為，是被其遺棄玩弄，或踐踏尊嚴，後果便很嚴重。

4、要有耐心

也就是能有心理準備，必須耐心說明、冷靜處理，因為任何一方在分手的階段，情緒都很不穩，任何刺激言論都可能爆炸；所以，這時要加倍有耐心去慰問致意。

5、要有仁心

也就是要寬恕對方，不去報復對方。兩性無論男女，如果都能有原諒對方的心胸，對自己也好過；即使不能原諒（forgive），也應儘量「忘記」（forget），此即莊子所稱「心齋」、「坐忘」，唯有心存仁厚，忘記仇恨，才能對精神平復，有更大的幫助。

四、何時該認真考慮分手

兩性相處，從前會覺得離婚沒面子，甚至不道德，但現在隨著社會變遷的腳步，已經調整觀念；所以施爾維博士（Dr. Silvestri）曾以美國社會爲例說：

「男女關係經常失敗，美國有半數婚姻到最後以離婚收場，大多數沒有結為連理的戀情最後也結束了，然而美國社會不再責備男女離婚，因為埋藏已經枯槁的關係，比起跟木乃伊一般的遺骨之人共同生活，要來的健康多了。」(32)

換句話說，兩性相處是否已經無望？如果雙方繼續相處的確很痛苦、很不健康，那就只有成熟而理性地考慮：如何分手。

當然，重要的是，分手未到最後關頭，決不輕言分手；因此分手之前，先要判定應不應該分手，中間是否仍然有救？根據兩性專家分析，有十二項「分手指標」，可提供做重要參考：(33)

1、即使你盡力去想別的事，但是分手或被甩的念頭，依然不停的冒出來

心理學家稱此爲「積極的逃避」。因爲，雖然你儘量不想去碰這個煩惱問題，但仍然不由自主的有分手的念頭。而且愈想分散注意力，反而愈會翻湧上來。這時就應該明白，問題已經很嚴重了。因爲，如果雙方關係還很正常的時候，絕不會有這個問題產生。

2、身體突然會發現，有些原因不明的疼痛與病徵

因爲，若有不明的病痛跑出來，這就代表心理上的壓力，已經造成生理上的病痛。有關專家提到，很多人若處於「無望的、有敵意的愛情」之中，其所帶來的緊張壓力，很容易造成生理上的病變；例如肩痛、背部緊綳、頻尿……等等。若從生理本身並無客觀病因，此時便應愼重考慮，是否因爲心理上的折磨，造成身心殘害，那就應認真考慮分手了。

3、你的行為改變，而且往不好的方面改變

兩性相處，如果其中一方開始無心工作，動不動就爲一些小事發脾氣，這就表示對於愛情的憂慮，已經開始影響生活。因爲，如果爲了小事開始哭鬧、發怒與情緒化，很難專心做重要的工作，代表已動搖了生活重心，此時就須認真考慮應面對分手的問題了。

4、你的伴侶所做的事，沒有一樣讓你滿意

換句話說，如果看對方，怎麼看都不順眼，而你又常常做一些激怒對方的事情，也不知道為什麼，就是想挑釁對方，這就代表下意識已經想結束這段關係。心理學家稱此為「消極的侵略性」，希望對方對你厭煩，從而先採取分手的行動。這是一種挑釁，只是比較消極而已。有些男性想跟女性分開，又不願意揹負「負心漢」的罪名，於是便向對方挑釁，希望對方先提出分手，自己的心理會比較好過。

但事實上，很多案例顯示，這種作法，比誠實的「一刀兩斷」更加殘忍。因為你一開始就破壞了彼此美好的回憶。你如果一定要靠挑剔對方，來減低自己的罪惡感，到頭來只會醜化所有美好的回憶，換來對方的納悶及心中的抱怨。

5、你對兩人相處中所發生的大事，記憶明顯的開始改變

換句話說，你如果因為想分手、或對伴侶失望，以致無法再記得從前的快樂時光，甚至把以前曾經愛過對方，也想成是被哄騙的結果，這種心理，是想要全盤否認對方的感情，這就是真正該分手的時刻了。

所以施爾維博士（Silvestri）曾說：「即使戀情失敗，但是讓伴侶成為你的敵人，並沒有好處；因此，應該好聚好散，保持君子風度，才能讓雙方都保有自尊和公平。」

6、你或你的伴侶，在沒有和對方商量之下，開始對生活方式做重大的改變

兩性相處，如果其中一方開始去交往一些新的朋友，或單獨去參加一些活動，便代表問題已經嚴重。所以，施爾維說：「一旦男女關係中的一方，不再只是把抱怨放在心理，而是開始採取行動的時候，這就是準備要分手了。」

因爲，在沒有溝通的情況下，如果自己去尋找新的生活方式，或新的朋友圈子，或新的外表形象、信仰……等等，那就代表應認真考慮分手了。

7、經常吵架，而且總為同一件事情吵架

兩性之間，如果一直爲同一件事吵架、一直炒冷飯，代表雙方碰到問題，不願意針對問題、就事論事的解決，這就到了需分手的地步。因爲，如果反覆從老舊的同一問題吵起，代表溝通技巧一直拙劣，以致對同樣的問題，一直無法討論出解決方法。久而久之，雙方均會心冷，當然會興起不如分手的念頭了。

8、確定自己想要離開，但心意總是變來變去

兩性發生重大爭執之後，經常會有一方理智地想要分手，結束這種痛苦，但是卻感性地害怕這種痛苦，結果就是翻來覆去、反反覆覆。這種拖延的方式，如同精神「凌遲」，最會折磨傷神。如果

淪爲這種情形，那也應該認真考慮分手了。

9、開始跟他人談論分手的問題，就已到分手的程度

面對分手問題，身爲朋友，頂多只能傾聽，千萬不可煽風點火。因爲想分手的人，通常都想拉一個人來背書，如果他（她）必須靠別人背書，那表示還沒到分手的程度，朋友千萬不可推波助瀾。身爲真正朋友，頂多只能分擔他（她）的煩悶、傾聽他（她）的訴苦，但不能介入太深。

10、當你的伴侶要求較多的時間、空間獨處，或與朋友另外相聚

兩性相處，如果有一方要求較大的空間與時間，對情侶雙方來說，都不是好兆頭。因爲，在熱戀的時候，這是不可能發生的，當時唯恐相處時間不夠，這時卻要求獨處，便知是個惡兆。所以，兩性專家曾經強調：「要求隱私是一項惡兆」，即是此意；此時便需認真面對，鄭重反省。

11、當你有祕密瞞著伴侶，或者是日常喜悅不想跟伴侶分享時

本項內容，也是彼此發生問題、可能分手的前兆。因爲，在熱戀期間，雙方均巴不得將所有的喜悅與趣事，都第一個與伴侶分享。如果等到有一天，沒這個勁頭了，或根本覺得不用跟他（她）講，便是一個分手的前兆。

11、性的刺激感不復存在，肉體的吸引已經消失

本項更是嚴重問題，需要鄭重面對。因爲，當你與情侶性關係很好時，往往可以「床頭吵，床尾和」，用肌膚之親化解許多無謂的摩擦，可是一旦連性的意念都降低，就表示一個嚴重的警訊。

因此，西方兩性學家的結論是：

「愛的含意就是關心被愛者，迷戀只是激情，不是真愛，單憑著激情，無論它多麼的令人亢奮，都不足以維繫誓約的關係。一旦新歡之樂，與分享隱私的刺激失去濃度後，人們會渴望較深刻的東西，來滋潤心靈。」(34)

換言之，這種看法跟唐君毅先生的說法可說不謀而合，愛是彼此互信、是情感連繫，也是情義責任。此即兩性學家所說：「一開始，愛是激情，繼而昇華爲關懷、滿足和信賴。相愛的人必有長遠的計畫，有共同的遠景，正因爲這個共同的遠景，而對彼此都有束縛。」

總之，如果兩性相處，從情感和心理上退卻，或缺乏共同的興趣和理想，均會形成分手的前兆，深值大家重視。只有及早警覺、見微知著，才能及早挽救！

五、如何成熟理性的分手

兩性若確定要分手，那麼該如何成熟、理性的分手呢？筆者認爲。可以歸納如後，提供天下分

手人，作爲心理建設的參考：

1、愛人不如愛己

當你因爲愛人而受傷，首先要先想到愛自己，這也是唐君毅先生所講的「愛人不如愛己」。有個寓言說，觀世音菩薩自己在唸觀世音菩薩經，有人問：菩薩爲什麼唸自己的經呢？菩薩說：「求人不如求己」，這話同樣可贈給所有兩性朋友，提醒自己，在分手之後，要多愛自己，多關心自己的家人。

因爲，當你會愛自己時，就不會想到要自殺自殘，也不會走上自我放逐、自我疏離、或自我折磨。即使對方不愛你了，你應曉得，還有家人愛你，還有對家人的愛要回報。

2、天將降大任於斯人也，必先讓其失戀、痛苦，增益其所不能

孟子曾經說：「天將降大任於斯人也，必先苦其心志，勞其筋骨……增益其所不能。」(35)這是針對生活上或事業上的挫折，但若要心理更堅強，便可把失戀看成是上天的考驗。很多男性在事業上的挫折，不會讓他流淚或消沉，可是失戀或分手時，卻會掉眼淚，這就代表對他更大的考驗和更大的折磨。若能透過這種試煉，才有更大的堅忍與韌性。

所以，對於失戀，何不看成是上天對你的特別磨練？因爲，如果能控制自己在失戀中所受的痛

苦，那就能控制所有的痛苦！

3、失戀為成長之母

源氏鷄太郎曾說：「失戀爲成長的開始」，從沒失戀過，就從來沒成長過，因此，我們可說「失戀爲成長之母」。這就如同懷德海（A. N. Whitehead）所說：「孤寂爲宗教之母」，「如果一個人從未孤寂過，就從未真正體認宗教」。佛教也強調：「以般若爲佛母，以大悲爲般若之母」(36)，因爲，心中有大悲，才會激發潛在智慧，因爲有智慧，（「般若」原意爲智慧），才會激發覺醒（「佛」原意爲覺醒）。

同樣情形，因爲失戀，才能激發成長；因爲本身嚐過失戀的痛苦，才能爲別人的痛苦著想，能爲別人著想，才是成長的開始。很多真正親民英明的領導者，多半出身卑微、出身貧窮，然後才能真正知道民間的疾苦。所以失戀多、閱歷多，對人情世故就反而更能練達。此亦即紅樓夢這本描述癡情戀情的名著中說：「人情練達皆學問」。

4、長痛不如短痛

如果經由理智判斷，繼續交往只有痛苦，那就不如及早一刀兩斷。因爲，反正是痛苦，遲早要痛苦，那就長痛不如短痛。事實上，這就也正如同很多癌症病人，要求安樂死的原因——要求減少痛

苦，並且能有尊嚴。

兩性關係亦然，如果兩人愈吵愈兇，愈吵愈糟，變成愈像仇人、彼此愈加難看，那真不如很有尊嚴的及早分手。

5、天涯何處無芳草，海角何處無日照？

換句話說，兩性交往，失戀之後，若能阿Q一點，甚至自我開開玩笑，未必沒有幫助。對男性來說，即「天涯何處無芳草」，對女性來說，即「海角何處無日照」？

換句話說，大丈夫何患無妻？好女人何患無夫？所以，不必擔心，該來的還是會來，該屬於你的還是你的。分了，不必急，離了，也不必氣。因爲，舊的不去，新的不來；壞的不去，好的怎來？

6、「好佳在」，沒跟他結婚

兩性相處，如果失戀很痛苦，有時還可更阿Q一點：「好佳在」，沒跟他（她）結婚！因爲，很可能若干年之後，聽說對方離婚，心中才知道「好佳在」（幸好），「當年沒跟他（她）結婚」。所以，如果眼光放遠，胸襟放寬，抱持「塞翁失馬，焉知非福」的心情，對於心理建設也很有幫助。

7、好聚好散，君子風度

兩情相悅，本來屬於浪漫美事，如果因爲種種因素，無法長久，最好能維持君子風度，也維持美好的回憶，好聚好散，這才算君子，也才不辜負當年情義。切忌愛之欲其生，惡之欲其死。因爲佔有慾太強，而破壞原本美好的回憶。

8、施比受更有福

如果你愛對方，但對方不愛你，那你也可想成：你比他有福；因爲，此即聖經所說：「施比受更有福」。

當然，對女性來說，被愛比愛別人有福，如果所嫁並非自己所愛，但也需知，天下不如意之事十有八九，自己婚姻如果屬於十之八九裡面的一個，也非常正常，不用太怨嘆。

9、曾經擁有，何須長久？

這句青年人的名言，在兩性交往中，可以說是失戀後的自我安慰，也可以是玩世不恭，但同樣可以是很純美、甚至悽美的浪漫心態。因爲，相愛容易相處難，如果真要長久，有時反而不能擁有。所以，退一步想，既然曾經擁有美好的時光，那即使無法長相廝守，同樣可以保持美好回憶，成爲永久甜蜜美好的一頁，豈不也很浪漫？

10、用時間治療

當所有以上這些方法都沒用時，就只能讓時間沖淡一切！

這可說是上天賜給人間的最好方法，當萬般方法皆無效時，只能藉時間沖淡心靈的療傷，雖然費時甚久，但也真正有用；只有告訴自己，早日走出悲情、走出陰影，才能及早重見光明！

11、轉眼再找一個！

從人性本質來看，如果上述所有方法均沒有用，用時間治療又太久，那最有速效的辦法，就是李敖所說：「轉眼再找一個」！

當然，這種方法，容易成爲移情功能與墊檔作用，對新交往的一方並不公平，所以應謹慎分辨，不能真正定情。但若確屬有效，也未嘗不是化危機爲轉機的因緣。

12、「認命吧！」

若連上述兩個方法都沒效果時，只剩最後法寶：「認命吧！」

換句話說，此時只有當成是「欠他（她）的」，既然是從上輩子欠他的，也只有甘之如飴，泰然認命。

有時，這種最樸質的心境，反而更能安撫心中傷痛，成爲最佳、也是最後的有用藥方！

第四章　兩性婚姻如何成功

第一節　尊重兩性差異

劍橋大學生態學者克勞頓（Clutton）曾強調：

「唯有把男女二性視為完全不同的兩種族群，才能明白為什麼兩性在構造、生理和行為上有這麼大的差異。」(37)

這也就是原來葛瑞博士所講：「要把兩性視爲來自不同星球的人，才能真正體認兩性的的不同」；否則，如果覺得對方同樣是人，只用自己的心去想當然耳、臆測對方的心，落差就會很大，唯有將對方想成從不同星球來的人，才會很認真地去正視對方的差異。

丹佛大學婚姻與家庭研究中心主任馬克曼（Markman）也曾說(38)：「對於兩性差異的誤解，乃是導致離婚的禍首。」因爲美國離婚率目前已達百分之五十，以往傳統的美國人，若離婚就很難當選總統，但自從雷根之後就打破了這慣例，認爲已經是正常的情形。可見離婚已成相當普遍的現象，重要的是，原因何在？根本的禍首原因，就是「忽視兩性差異」。

所以，塔南（Tanaen）在《新世紀》雜誌曾經提到(39)：「如果我們不釐淸兩性差異，受罪的必定是女性，因爲現在普遍存在的標準，仍是基於男性的觀點。」因爲，傳統社會觀點絕大部分都

是男性中心的觀點，所以如果男性不能尊重女性差異，受罪的仍是女性；因此，她才大聲疾呼：「若真正尊重女性的話，就應先了解男女有別，以及差異何在？」

另外，兩性學者聶士比（Nesbit）也曾說(40)：「我期待一個兩性可以認知彼此差異的世界，這些不同的觀點是助力，而非牽制。」也就是說，真正理性通達的文明人，應認清兩性的差異，將這些差異彼此間相輔相成，而不是相反鬥爭，應看成是助力，而不是阻力。

綜上所述，可見認真而正確的瞭解兩性差異，具有很重大的意義，以下即歸納葛瑞博士所說內容，概要闡述如後：(41)

一、兩性最大的差異：女性傾向專注於最大注意的人、事、物，男性則傾向於自我為中心

葛瑞博士在《親愛的，爲什麼我不懂你》書中也提到：女性最大的挑戰，「在滿足別人的需求後，同時仍然能保有自我」。換句話說，女性經常是爲別人而付出的，無論傳統或現代女性，通通是爲別人而付出，很多終身在爲先生、爲家庭、爲小孩、爲公婆，或爲兄弟姐妹付出；總之，都是在關心別人。因而，如何仍能保存自我，便成最大挑戰。男性則不同，男性最大的困難，則在於克服自我中心導向。

上述差異的意義，也代表女性很注重人際關係，很注重人與人相處的氣氛與藝術；但在男性則

缺乏。所以，今天所講的男女差異，並非代表誰對誰錯，而是代表事實上客觀的陳述。

二、女性需要親密感，男性需要空間感

這就是很多專家所提，爲什麼女性需要經常跟她講你愛她；也要經常的送些小禮物，表達愛意與心意；男性則是需要空間感，需要喘口氣。若是不了解此中差異，女性一直盯住男性、時刻注意，女性會覺得這是關心、是親密，但男性卻會覺得是被束縛、被困住了。所以，本質上，男人需要空間感，女人需要親密感，兩性對此要相互了解、相互尊重。換言之，如果女性能給男性多一些自由空間，不要讓他覺得太拘束；而男性則能多給女性一些安全感，不要讓她覺得被疏離，才能真正更增甜蜜。

三、男性恐懼被包圍，女性恐懼被遺棄

通常，男性若想單獨靜思一陣時，女性會感覺好像被輕忽、被拋棄；反之，女性對男性若表現關心，男性容易感覺好像被包圍，其實均不正確。在兩性研究專書《不同的聲音》（Different Voice）就特別講到：「男性通常不擅於處理兩性關係，女性則比較無法解決自我認知的問題。」因爲女性能夠自我認知，就不怕被拋棄；男性如果擅於處理兩性關係，就不會恐懼被包圍，這需要兩性相互理解。

所以，《兩性大和解》的作者克莉絲特別講：「女人需要知道：永遠不要期待男性會跟妳的親密女性伴侶同樣表現，女性須知，只要給男性一點空間，他們自然會向妳走過來。」男人則需要知道，不要期待女性會跟你的男性朋友一樣，要自己嘗試著說出來：「你現在只是想要單獨的安靜一陣子，並不是要逃避她或排斥她。」

因此，對男性而言，把心中真正的感覺說出來，爲最重要的事情，而不要讓女人會錯意，以爲你不愛她、不理她。男人要了解，女人害怕被遺棄，心中就會變得非常情緒化；女性只要產生那種感覺，就會變得心情很無常。所以，男性要能了解女性的恐懼與害怕，只有經常的關懷，才能撫平她的恐懼。

四、女性過份認同他人，而男性過份寄情於工作

兩性專家費爾（Farrell）在《男人爲什麼是這個樣子》（Why Men Are The Way They Are）一書中提到：大部分男性的自我認同，來自於工作的機構和事業成就，女性卻來自於她們所依附的男性，對她的關懷與肯定。雖然現在有新女性、女主管，但基本的心理需求，仍因爲生理結構不同而有不同的認同。因此，女性應了解男性的工作心、工作狂，而男性也要了解自己對女性的重要性，雖然她在外面也有工作，但情感上的需要，仍然只有透過你對她的關懷，才能真正充實。

所以，心理學家柯恩（Keen）曾經分析：男性怎樣堆砌自我？男性的自我中心是「戰爭、工作和性愛」，這些構成了男性的自我。在這種自我之中沒有醞釀氣氛、培養感情的過程，對女性本能的感覺，則以性愛爲主；女性對此也應有所瞭解，才能保護自我。

五、女性傾向於尋求他人的認同，男性常做自己喜歡的事

美國著名女星瓊．考琳絲曾說：「我的一生都很在意別人的批評，一生都在取悅別人」，這話很有代表性。因爲一般而言，女性很在乎別人的批評，男性多半則不管人家的批評，「雖千萬人吾往矣」，只管往前去衝。因此，男性經常會勸女性，不要在意別人的批評，但通常沒有用，因爲這就是女性的心理狀態。如前所述，女性因爲更在乎安全感，對孤獨很敏感，所以通常不太願意特立獨行。

六、男性比女性更為獨立

兩性學者哈定（Harding）在《身爲女性》（The Way of Women）中說：從小開始，小女孩和小男孩的想法就大不相同；小男孩比較獨立進取，小女孩比較靦腆可愛。從小開始，小女生就經常在意和自己喜歡的人是否關係良好，她需要人群或是她喜歡的人認同她，她才有安全感。這在兩性關係裡稱之爲「灰姑娘情結」；換言之，「女人的成長過程中，總隱藏著獨立的恐懼，不希望站在第一線很孤立的奮戰，但是男人則是經常如此。」很多女性主義者，或許不承認這一點，但這並沒有貶抑

的意思；例如，婆媳之間，太太會特別敏感，是不是被夫家孤立了，而會有過度的敏感，男性也應體貼瞭解才對。

七、女性比男性更容易坦然表達自己情緒

因為男性從小就被教導，不能隨便表達自己的情緒，所以戈柏（Goldberg）在所作名著《新兩性關係》（The Male and Female Relationship）中提到：剛開始男性深受女性豐沛的情感吸引，但在兩人關係穩定之後，同樣的特質卻會被認為是不可理喻。兩性學者傅瑞（Frey）在《哭泣》（Crying）中也說：「女性的荷爾蒙激素比男性分泌的多，淚腺也比男性的發達。」所以，同一件事情，女性流淚的機率，通常是男性的五倍。

因此，男性須知，當女性在訴說她的感情時，應該用心聽，只要表現出善意的傾聽，即是很大的慰藉，而不必急於為她們解決。同時女性須知，即使有再多要流淚的話，也應該在十分鐘內說完；因為男性沒有耐性，大部分無法超過十分鐘。

八、女人比男人更容易操心、憂心忡忡

專門研究人類憂慮的學者包可維（Borkovec），發表在《女性與治療》（Women and Therapy）雜誌上的研究顯示：女性憂慮的比例約為男性的二至三倍，女性比男性容易事事操心，大至怕打仗、

怕環境污染，小至於操心有白頭髮、有皺紋，另外又還爲自己的朋友操心，並爲長大的子女操心，可說天天操心，天下無不可操之心。

所以，包氏把「憂慮」定義爲「一連串負面的想法」，對什麼事情都從負面去想，女性天生就容易如此操心。而男性面對這個問題，方式卻是解決它，而不是擔心它，其第一個反應就是採取行動，要不就是乾脆不操心、不在意，女性卻是在心頭盤據不去。

心頭憂慮如果不能解決，將會浪費時間和精力，造成焦慮、失眠、食慾不振、注意力不集中等等問題，所以，女性這時也應問自己，到底在害怕什麼？如果把操心的情緒，用理性的過程來分析，再思考是否已經盡力在做、已經在改善了？操心還有用嗎？這些對消除憂慮，會很有幫助。

九、男性的金錢慾、權力慾比女性強

西方研究性別差異的學者克瑞絲，有本名著《性別就在大腦》，書中說：「男人為了保有權力、地位及成功，寧可犧牲個人的幸福、健康、時間、友誼和感情；女人則不然，她們大部分都不願意這麼做。」

換句話說，男人爲了追求權力、地位與事業，容易只注重個人的功名利祿，而忽略了家庭生活；所以，大部分的太太反對先生當官。中國人也有一句諺語說：小孩子「寧可要討飯的媽媽，也不要

做官的爸爸」；因爲，討飯的媽媽雖然沒有富裕的經濟，但是仍可以給小孩足夠的呵護與溫暖；但是當官的爸爸，對小孩來說，天天看不到，便像陌生人一樣。相形之下，女性在名利方面相當淡泊，並有保護幼小的天性。

美國曾經有一家化妝品公司問卷調查，總共問了四百五十位女性企業家，其中只有百分之十二的受訪者，把利潤當作成功的指標。綜合而言，女性追求的目標，排名順序是：（1）追求自我實現、實現理想、抱負，重點不在賺錢、不爲名利地位；（2）追求工作挑戰，這個挑戰會激起她承擔責任的慾望，但這個慾望並不在爲了有更多的名利；（3）幫助別人，有更高的位置、更好的權力，是爲了幫助更多的人，不是爲了金錢、權力本身。凡此種種，均與男性大不同。

因此，美國全國婦女企業經營協會的發言人強生（Johnson）曾說：「女性對成功的定義比較廣泛，她們並不完全以金錢來衡量。」相對而言，男性的成功定義就比較偏狹，基本上均以作官或賺錢來衡量。

十、男女的話題也有差異

一般而言，男女在一起聊天，男性喜歡談論事件，女性喜歡談論人；男性多半討論爭議點，女性則專注於人。所以，有位社會生物學家邊生（Benson）說：「從男孩子看，男孩子專注於事情

（matter、issue），女孩子則專注於人（person、people），一直到成年，多半是如此。」很多男性對女性聊的話題不耐煩，因為女性話題經常環繞人的細節；可是女性也對男性講的事情不耐煩，因為男性談的太重論辯性，女性談的則比較偏重人性化、生活化。

因此，在《性別就在大腦中》書中，克瑞絲就特別建議男人：「跟女人對話時，要多談論跟人相關的話題，談一些私人的話題，或許你覺得不感興趣，女性卻很有興趣，如果你想討論事情，就請找男性朋友談。」

十一、女性喜歡私下聊天，男性則喜歡公開議論

一般而言，很多男性在外面是辯才無礙，回到私人生活裡卻啞口無言。這並不是他對家裡沒有心、不想談，而是男性的本性裡，覺得聽眾只有一位，提不起講話的興致。而且，在外面公開場所的發言，有助事業發展，但對家中的情感與溝通，他比較不重視。

因此，女性需要知道，先生辛苦一天回到家裡之後，千萬避免喋喋不休。男性則需要知道，女性表達意見時，要有耐心，她不一定表達出某種論點，因為女性本來就不是要表達論點，只是要表達某種心情；因此，男性此時需要表示關心，才能拉近彼此的距離。

十二、女性的說話風格較小心、含蓄、委婉，不會激怒人；男性的說話風格則較直接，通常簡潔有力、不怕得罪人

在《說話的權力》（Talking Power）一書中，作者提到：男性的語言是「擁有權力者的語言」；當你是當權派、老闆時，講話就很直接、明確，不怕得罪人，因為你有權勢在。這是從心態與傳統背景所培養出來的男性講話心態；影響所及，女性則像部屬對長官講話，經常小心不要觸怒上級、不要冒犯，以致比較委婉。

當然，持平而論，這兩者都需要相互改進。就男性來講，要批評的時候，需要婉轉批評、理直氣平，要用有禮貌、商量式的語句，對任何人來講，都更容易受用。

十三、女性比男性更擅長於傾聽

客觀的研究顯示，男性比女性更容易打斷談話；男性常常對不耐煩的內容會中途打斷，女性通常不會，女性對他人的談話，比較回應熱烈、表情專注，男性則比較缺乏表情。

十四、男性比女性更為果斷

約翰．葛瑞博士說：「因為女性比較注重人際關係，所以在決策過程裡經常會把別人也納入思考，但是男性卻會在自己的洞穴裡做好決定，不願提出來和別人商量，其實早有定見。」換言之，

這與男性直線型的思考有關。形式上，或許男性會提出來和別人討論、讓別人發言，但對不同的意見，他多半會加以反駁，但女性則會很認真地聽別人的意見。相形之下，女性看起來就優柔寡斷，所以男性看起來就比女性更爲果斷。

另外，根據研究，女性打電話的時間是男性的三倍；而且女性打電話不需要任何理由，男性打電話則通常有目的，而且要傳達訊息時才打電話，講電話的平均時間是六分鐘，女性則要二十分鐘，而且可能只是聊天、拉攏感情或維繫關係。

十五、碰到別人有問題時，男性傾向提供建議，女性則表示無限同情

碰到他人有問題時，女性不一定會提供具體建議，但會表現出關心，男性則是在心情上不一定會表示關心，但會具體提出解決方法。若是女性提出問題，女性並不是一定要尋求解答，而是希望對方能有共鳴、能心有戚戚焉。

所以，男人須知道，當女人跟你抱怨時，不要急著提供神奇的答案，而應先對她表示關心、安慰；有沒有解決方案倒是其次。而女性須知道，當妳要告訴男性妳心情不好時，並不需要他提出解決方案，而只是希望他多傾聽心聲就可以。否則男性的思考方向就會錯誤，兩性相處之道就背道而馳。

十六、男性通常比女性更喜歡發號施令

通常男性語言，常用直接命令的方式，既不和善也不溫良；因爲大部分傳統認爲男性是發號施令的人，明顯居於高姿態，並且有權力掌控。所以改進之道，男性在命令句之前，應該加一個「請」字：「請妳記得做……」，這比「記得幫我做……」更能讓人接受。另外，若能把命令句化爲問句，或者讓對方做事有迴旋的時間，或者用恭維方式來包裝命令，效果當能更爲明顯。

十七、男性更容易跟別人針鋒相對

因爲男性容易跟人對立，所以避免無謂樹敵的方法。首先，不要用人身攻擊的方法；跟別人討論事情時，不應該用侮辱性的字眼。其次，要避免極端的字眼，不要說別人「總是」怎樣；因爲任何人畢竟有其他的長處。另外，應多從正面陳述問題，而不要從負面譴責；還有，重點應該清楚。在兩性溝通時，要能一次講一個問題，不要一次進行太多的問題，從這個問題又扯出其他一大堆抱怨的問題，糾纏在一起、將會無從解決。

十八、女性在情感上善於嫉妒，男性在肉體上善於嫉妒

對女性來講，自認不夠被愛，才會產生嫉妒；但對男性來講，卻是有了嫉妒的充分理由之後，才覺得對方不夠愛自己。換言之，女性很在乎安全感，在覺得有某種威脅時，才覺得自己被愛的不夠，才會嫉妒；但男性並不在乎「安全感」，男性在乎要有「空間感」，所以男性要有足以嫉妒

的充分理由之後，才會感覺自己被愛的不夠。最重要的是，男性的嫉妒多半是從肉體上的聯想；而女性則在情感上或心理上的聯想，都足以讓其嫉妒，這主要是因爲心中需要安全感之故。

十九、女性比男性更希望改變對方

這點是非常嚴重的差異，所以有位心理學家提到：「也許女性和男性真正的差別，用一句話來講，就是男性明瞭兩性有差異，而且接受這種差異；但女性卻不明白這一點，反而一心期望男人能夠有所轉變。」因而，女性經常認爲「你若愛我，你就爲我改變……」。所以，這位心理學家說，如果妳實在很希望對方改變，也只能要求改變妳最受不了的習慣。要改一件、兩件或有可能，但若要對方全爲妳改變，成爲妳心目中的理想情人，則是不可能的。因此，女性需要很明確地說出，希望對方改變哪些，不要含糊其詞，而且不要以此做人身攻擊，就算對方不能改，也要相互尊重。

二十、男性比女性更傾向一夫多妻制

根據《性別就在大腦中》書中所提：「在男性的基因跟大腦中，雜交的因子似乎早以烙印」，從本質而言，男性在其基因及大腦結構中，就傾向於多妻或雜交。因此，男性一生中，只與一個女人有性關係的並不多。

所以，一九九〇年金賽（Kensey）性學報告中，曾經指出：百分之三十七的男性在婚後有出軌

的情形，女性則有百分之二十九曾出軌；另外，芝加哥大學的調查報告也指出：有七成以上的男性有一夜情等外遇，而女性則只有三成。這樣懸殊的調查報告，自然也牽涉到填寫問卷做答時，是否忠實的問題。然而經驗證明，通常男性可以同時交很多女性朋友，反之，女性則很難。

廿一、男性傾向於追求性，女性則需要更多的愛

兩性學者柯拉馬（Kramer）有句名言：「女性要先有靈之後，才會有肉；男性則是先有了性之後，才會有愛。」因爲，女性先要有愛，才會有性；但男性的性，可以不論對象、時間、地點。男性本身就有一個本能的生理衝動，如果他能慢慢欣賞性的對象時，他慢慢的也會有愛滋生；但女性多半要先有靈的溝通，才會有性的享受。

所以，兩性專家建議男性們，應該多給女性她們所需要的溫情與擁抱，這種感覺會讓女人覺得很溫暖。

廿二、女性比男性擁有更多親密的朋友

一般來講，若問女性是不是有要好的閨中密友時，大部分的回答是「有」；但若問到男性時，很多時候是沈默的。因爲，男性在一起時，接觸的多半是表面，所以友誼比較膚淺。此所以許多男性除了妻子之外，沒有和人交心談過；但是妻子卻至少有一位可以交心的女性朋友。

廿三、男性比女性更喜歡結黨、結派，注重團體的活動

男性喜歡和「兄弟們」相聚，喜歡群體的凝聚性，比女性更喜歡團體活動。

廿四、女性常不會挑釁、宣戰，男性則會反擊

如果對方有挑釁，男性會本能的反擊，但是女性會先避開；所以，女性若當國防部長，好處可以看到。在波斯灣戰爭時，Goodman曾做過一個民意調查，當時反對用戰爭來解決的女性，多達百分之七十三，男性則占百分之四十八。

廿五、酷男人最性感，溫柔的小女人最受歡迎

因爲酷男人冷酷的性感，是強烈的自我象徵，所以他帶有一點冷漠、強悍、不可預測，看來憂鬱又有內涵，這就很迷女性，形成「男人不壞，女人不愛」的名言。但是如果女性表現成酷哥的樣子，男性就會覺得女性高不可攀，敬而遠之。

換句話說，「酷哥」與「辣妹」分別都會受到歡迎，但「酷妹」與「辣哥」卻會令人覺得無法接受。

廿六、女性比男性更在乎自己的體重

兩性體質結構基本上不同，男人的體重百分之十五到十八以上，是由脂肪構成，女性基本上脂肪的比例高達百分之二十五到二十八。所以，女性的脂肪比例比男性多百分之十。所謂「減肥」就是要減去脂肪，因此女性基本上比較不容易減肥。男人的肌肉占身體的百分之四十五，女人只占百分之三十五。簡單的說，因為女性的脂肪相對於肌肉比例較高，所以相形之下，要減去脂肪就較困難，女性也更在乎自己的體重。

廿七、兩性在大腦的構造上就不相同

男性的大腦平均體積比較大，體積八十七‧四立方英吋，女性則是七十六‧八立方英吋；但是，女性連結左右大腦兩個半葉的纖維組織比較大，所以各有長短。因此，女性使用兩個大腦的機率高於男性，此所以女性對於人的洞察比較敏銳，而且她們善於感覺別人談話的真正意義，這就是所謂「第六感」，善於從蛛絲馬跡中感受。

然而，男性的大腦丘下方部分所分布的神經細胞，是女性的兩倍大，這些神經掌管吃飯、逃跑、戰鬥及性功能，所以男性的性衝動來的快、去的也快，不分對象，且男性好反擊、食量大。女性的語言能力比較強，男性的數理及空間能力也比較強。

廿八、女性的酒精反應比男性快

根據經驗與研究，一杯酒精對女性的作用等於是男性兩杯酒精的作用，這就代表女性不容易醉；這也說明，何以很多女性在餐會中，不喝酒則已，若表現豪氣放開喝酒，反而令人咋舌。

廿九、女性比男性更在乎外表、容貌

因爲男性的自我價值是建立在成就上，而非建立在外表上；而女性因爲比較缺乏各種安全感，所以需要透過各種打扮來肯定自己，經常在乎她看起來如何。所以有數據顯示：一般女性使用的保養品約有十七至廿一種，女性一天之內平均梳頭的次數是五次，佔卅六分鐘。

三十、逛街，女性遠比男性喜歡購物

女性在購物中心閒逛，只是爲了消遣，男性則是完成購物後就立刻離開。大部分女性把逛街購物當成「發現之旅」，男性則只當作一項「任務」。所以，百分之二十七的女性覺得逛街購物很有趣，男性頂多是百分之四十四；因此，男性若要討好女朋友，應多陪她逛街購物。

第二節　如何抓住白馬王子

由方艾倫（Ellen Fein）及沈雪瑞（Sherrie Schnerder）共同撰寫的名著《邁向成功婚姻守則》

（The Rules），曾經榮獲紐約時報第一名暢銷書，其重點特別在提醒女性，如何能夠「抓住白馬王子的祕訣」（Time-tested Secrets for Capturing the Heart of Mr. Right），亦即如何確保男性能夠認真用情，進而走向婚姻；非但引起女性轟動，深具參考價值，因其深知男性心理，所以對男性也很有反省的作用。

全書共列出卅五條規則，深具啓發作用，今特扼要簡介其中廿五項如後：(42)

一、「塑造自我的特色」（Be a "Creature Unlike Any Other"）

這正如同李白所說，「天生我才必有用」，女性也應有此信心，不必在乎自己是否容貌美、是否身材好，只要能創造自我的特色，總有迷人的魅力。

二、「別先向男性搭訕」

本書花了相當多篇幅分析，本條在現代社會可能看似迂腐，但從男性心理來看，女性的矜持仍然證明有用。

三、「別向男性注視或太多話」

本書強調，應讓男性先注視妳；如果他並未先注視妳，那他很可能對妳並無興趣，那妳就寧可另找一位。

四、「別讓男性只在中點站約會，應讓他來接妳」(Don't Meet Him Halfway or Go Dutch on a Date)

本書提醒女性，別讓男性太容易接到妳，他若真正有心，會願意千里迢迢從老遠到妳家迎接，所以不可答應他只在你們的中點站約會，要懂得磨磨他。

五、「別先向他打電話，而且少主動打電話」

本書提醒女性，主動打電話給男性，意味著「要追他」，這怎麼可以？這必然增長男性氣焰，讓他知道妳喜歡他，那反而容易對妳失去興趣；所以上上策，是讓他打來給你！

六、「永遠先掛電話」

本書提醒女性，如果男人打電話給妳，妳不能和他聊超過十分鐘，只要妳早點結束，他便永遠覺得還不夠；只要妳先掛電話，他就永遠意猶未盡。

七、「不可臨時應邀約會」(Don't Accept a Saturday Night Date after Wednesday)

本書提醒女性，如果男性約妳在週六約會，他必須要提早邀請，如果晚於週三，就不可再接受。因爲，那代表不尊重，甚至可能只是拿妳來「墊檔」。所以，如果妳希望找的對象夠體貼、夠週到，便必須提早邀約妳。

八、「在約會前填滿行程」

本書強調，女性在約會前，不要花時間在裝扮美麗，那樣只有患得患失，而且多半期望高，失望也大；最好用平常心，甚至把自己的行程排得滿滿，惟有如此，不要幻想太多，才能有平常心。

九、「在前三次約會的守則」

本書提醒女性，如果可能，在前三次約會前，別想他的名字，要能處之泰然，不要講太多自己的事。在第一次約會，千萬別讓他知道妳的住處，頂多在某餐廳，或公寓大廳，讓他接妳即可。

十、「如何在第四次至交心日守則」

本書強調，如果能在前三次小心翼翼、步步為營，那麼到第四次，可以多談自己內心感受，也可以多傾聽他的心中感受，並對其表示同情；此時可以比較深情的注視其眼睛。

十一、「永遠先結束約會」

本書提醒女性，即使妳很想在約會中多停留，但仍應先看錶，並表示明日很忙，必須先走。唯有如此，才能更讓男性懷念，並且仍然保持興致，也唯有在高潮中先結束，才能讓他擁有餘韻。

十二、「如果他沒在生日或情人節買浪漫禮物，就別答應約會」

本書提醒女性，在妳的生日或情人節，如果男性有情、也有心，他就會送浪漫的禮物。否則，就代表他沒有心，或代表他太不解風情，妳若嫁給他，只有準備過沒趣的日子。

十三、「每週或兩週一次，別看他」

本書提醒女性，男性落入情網，通常比女性快，但去得也快；通常男性會要求每週見面三次，甚至天天見面。女性如果太順其意，反而會讓男性失去興趣。因此，每週要偶爾別看他。

十四、「初次約會，頂多禮貌性親吻」

本書提醒女性，「眾所皆知」，男人在第一次約會就很想得寸進尺；因而，女性必須讓他冷卻，頂多讓他禮貌性的親吻，否則男人就會只從肉體來看妳，只有讓他多了解妳的心靈與整體，才有幸福的可能！

十五、「不可太快有性或太親密」

本書提醒女性，真正愛妳的男性，會尊重妳的決定；如果妳珍惜貞操，不願婚前有性，他也會尊重。他可能當時會生氣，因為「生氣代表興趣」，但別耽心，他反而會更尊重妳，而且更想追妳！

十六、「別告訴他怎麼做」

本書提醒女性，男性的本質，通常他心中早有定見，早已決定要怎麼做；因此，女性別告訴他怎麼做，否則只有自討沒趣。

十七、「讓他主導」

本書提醒女性，「約會如跳舞」，應由男性主導，否則妳就會絆倒。男性在約會中，應如同「打開的書」，主動而開朗；而女性則應如同「神祕的書」，內斂而矜持。諸如「我愛妳」、「我想妳」的話，只能是由男性主導。

十八、「別期待一個男人改變，或想改變他」

本書提醒女性，男人從未真正改變。如果妳真正愛他，只有接受；如果硬要勉強他改變，只有另外找個男人。

十九、「不要太快表白自己」(Don't Open up too Fast)

本書提醒女性，千萬不可在初次約會時，表白自己太多；因為，說得愈多，失得愈多，太多女性在初次約會時，講了太多親密的細節，這種做法，「既不聰明，也沒作用」。

妳才行。

二十、真誠，但同時保有神祕感

本書提醒女性，「男人喜歡神祕」；因此，女性應切記，必須保持某種神祕。書中並指出，女生當然希望有人能分享心中感受，能有個知心人，能無話不談，但那要等到婚後，或確定他已經愛妳才行。

廿一、「不可與他同居（或將妳的衣物留在他的公寓）」

本書問到，女性「應否與男性同居」？朋友可能說「去做吧」，父母卻會說「不可以」。本書則說「除非你們已經訂了婚期，才應搬進同居」，本書認爲同居並非對男性的考驗期，因爲這與他愛不愛你無關。但男人的心理，只有感到可能失去妳時，才更可能求婚；如果你們已經同居，便很難讓他再有求婚的新鮮感或急迫感。

廿二、「逐漸讓其接觸妳的家人」

本書提醒失婚的女性，不要太快提起家中隱私，針對單親媽媽，也不要太早讓小孩認識初次約會的男友，一切須穩健的進行。

廿三、「即使妳已訂婚或結婚，妳仍需知守則」

本書提醒女性，即使已訂婚或已結婚，仍有必知的守則，除上述之外，例如「別在上班時，經常打電話找他」、「別在床上太主動」、「穿得性感些」、「過著獨立生活」和「要有點嗜好」等等。

廿四、「嚴守守則，即使妳的父母朋友認為已經過時」

本書提醒，可能有些親友認爲這些守則「太保守」、「太過時」、「快廿一世紀了，怎麼還用這些？」或認爲這些守則「反女性主義」……等等，但妳仍需堅持這些守則（只是要用婉謝的方法）。因爲這些守則，最瞭解男人亙古不變的本性，對女性只有好處，沒有壞處。

廿五、「練習、練習，再練習」

本書提醒女性，如何能純熟的運用這些守則，唯有「練習、練習，再練習」；因爲，這些守則並非一蹴可及，也不可能馬上樣樣做到，所以如果有所出入，不要有挫折感，但總需要逐漸吸取此中經驗與教訓才行。

綜論上述，各條守則，簡單的說，均在提醒女性，要能善於保護自己，面對男性的追求，仍要「能懂得矜持」、「要有神祕性」、「懂得吊男性胃口」，別讓男性被寵壞，尤其別讓男性輕易得手。因爲，男人天性喜新厭舊，並且不會珍惜容易得到的女性。

這些提醒，看似仍然停留在傳統說法，但的確也指出了男人千古不變的本性——男人對容易到手的女性，的確並不珍惜。因此，女性愈有神祕性，讓男人追起來愈困難，反而會讓男人愈有動力、愈有興趣！此中奧妙處，的確深值女性重視。

第三節 婚姻的本質與特性

有關婚姻的本質，生命線專家簡春安博士曾比喻成「逆水行舟」，也就是「不進則退」，可謂一針見血，非常正確。

尤其，眾所皆知，兩人划船，即使在平靜水中，也須同心協力、動作一致、相輔相成，更何況在逆水中行舟呢？把婚姻比喻成逆水行舟，只因爲婚姻中雙方均難免會碰到工作挫折、生活磨難，或適應困難，這就如同「逆向」的流水，足以衝擊原先的情感基礎。所以，兩人必須共同警惕慎重，才能用加倍的同心合作，加以克服。如果缺乏這種體認，就難免在逆水中翻覆。這種體認，超乎學歷與經歷，因此，即使是成功的大企業家，如果對此掉以輕心，也會是婚姻的失敗者，不能不慎。

簡春安博士對此曾有四項重點，值得進一步申論：(43)

一、美滿的婚姻先能自我節制，才能維持骨架及型態

換句話說，我們不能像童話故事一般，天真地以爲只要王子與公主相愛，便可美滿的過一生。有情人雖可成眷屬，但有情人卻不一定都可以廝守到老。絕大部分的人均因自由戀愛結婚，當初確是相愛，但後來所以仍會離婚，主要就是對婚姻本質沒有共同的認知，因而沒有「自我克制」的準備。婚後若仍習於自我中心、相互任性，便很容易因緊繃而離婚。

拿王陽明的「致良知」來說，若對「婚姻必須共同經營」缺乏認知，就是沒有將「心」放在婚姻上，也就是缺乏致婚姻的良知，或是知道該怎麼作、但卻不去作，「知而不行，等於不知」。

因此，良知也要能用在婚姻上，爭吵時，「致良知」就是回到定情時的誠心承諾，回想當時的莊嚴心境，本身就是一種源於良知的動力。如此才能自我克制、體諒他人，從而維持婚姻的和諧氣氛。根據陽明哲學，「知行合一」，應用於婚姻上，便是要有經營氣氛的具體行動。

例如，婚姻中，兩人每天要有固定的時間溝通，每個禮拜要有固定的時間散步，每月要固定吃小館或是看場電影。這是一種規劃性經營，因爲，在婚姻中只有兩個人，所以必須相互計劃經營。

尤其，婚姻的本質是一種神聖的承諾（sacred commitment），你答應結婚的時候，便代表你願意負責任，來實現此承諾。因此，這個承諾必須兩人共同用心經營，正因爲「相愛容易，相處

難」，唯有透過決心自我抑制，並有誠心犧牲部分自我，才能真正經營出美滿的婚姻。

二、夫妻之間應該提高溝通本質，相互自我學習

雷根總統之所以深受人民喜歡，他最主要的歷史地位，是一個「偉大的溝通者」，願意聆聽別人的意見，尊重不同的看法。因此，讓人覺得與其相處如沐春風，毫無拘束。夫妻也應能如此。如果夫妻間能經常無話不談，心心相印，就能經營出最融洽的婚姻，即使二人意見不同，但若彼此均有溝通的誠意與技巧，那起碼也可以增加瞭解、降低誤解，增加善意、減低敵意。如此婚姻，即使雖非滿分，起碼也算是及格，不致失敗成爲敵人。由此可知，兩人均須成爲「溝通者」的重要性。

三、夫妻間要設法成長，共同進步

夫妻雙方，如果溝通不良時該如何？根據經驗與專家心得，最重要的心態，應是「自我學習」，從中低姿態的反省，而不是「自我防衛」，高姿態的攻擊。

因此，雙方均須學習自我調整，也只有相互的自我學習，才會共同成長。如果相互攻擊，彼此用防衛的心態，就好像兩國敵對一樣，必定形成雙輸、兩敗俱傷。這種婚姻氣氛也一定是僵硬的冬天，不再有和煦的春天。

四、夫妻要有共同的目標、理想及任務

因為，最完美的婚姻並不是只涵蓋兩個人的世界，而是歷經共同成長之後，對於四週人群與社會公益都能共同盡心。

現代社會，夫妻二人雖然各自都有本身的工作，但在工作之餘，如果能有共同的理想性、人文關懷及遠大目標，便能相互勉勵、共同追求，那將更是水乳交融的重要原動力。此時夫妻的融合，更成為道義的生命體，而並非只是情慾的生命體，因而更穩固，也更堅硬。

第四節　婚姻的危機與轉機

另外，婚姻若有危機，筆者認為，也如同山路行車，在山迴路轉中，必須很機警地眼觀四面、耳聽八方，戒慎恐懼，才能防範任何一項導致翻車的危機。千萬不能粗枝大葉、掉以輕心。

婚姻中，可能產生那些危機呢？其危機有六個階段：

一、新婚生活適應的危機

新婚之後，由於對方的生活習慣、家庭背景、應變作風均不相同，所以生活在一起，都會有適

應上的困難。事實上，即使是宿舍的室友，生活在一起也會有適應上的困難；更何況是天天生活在一起的夫妻，所以此時更須有心理準備，能夠相互容忍。

二、性生活調適不良的危機

兩性婚後，對性生活很多因爲無知、心存恐懼，或無法協調，通常需要六個月後，雙方才逐漸能適應。有的是婚前就有性生活，因太熟悉而麻木，在婚後沒有新鮮感，此時也需要特別用心經營才行。因爲，衆所皆知，性生活的協調，確是婚姻生活的重要關鍵。

三、生下第一個小孩，生活調整的危機

夫妻生下第一個小孩後，對家庭生活容易產生變數，如何共同撫養、如何調整生理時鐘、如何共同照顧小孩，均須相互協調忍讓。因爲，小孩不是一口氣吹大的，是慢慢成長的，每一分鐘都要去呵護，能否分工合作、分擔責任，更形成婚姻的重要挑戰。

四、因為事業所引起的感情危機

很多婚姻，在一開始因共同的目標而共同努力，這時可說是同患難，即所謂「糟糠之妻」。但是，一旦在中年之後，若是事業成功，可能就會驕傲而嫌棄妻子。若中年時事業仍未成功，也會有「中年危機」的徬徨，此時若太太無警覺，則先生容易向外發展塡補心中空虛。因此，均須特別戒惕

謹慎地共同度過。

五、更年期的女性危機

女性到中年，通常會有更年期的危機，容易情緒不定，甚至喜怒無常；而男性也有「準更年期」的危機，在心理上、健康上，覺得體力不繼，不如從前，但又爲了證明自己仍有雄風，反而容易在外尋求慰藉。

六、喪偶的危機

根據美國醫學專題報導，男性或女性喪偶，其打擊是人生所有打擊中最大的一種；如果有了小孩，如何獨自照顧小孩也是一個很重要的問題。通常男性喪偶再婚，其第一次對象相處很難穩定，因爲各種心結情緒、糾葛而成複雜因素，容易變成影響婚姻的危機。

分析完上述危機後，轉機如何呢？筆者認爲，可分析如後：

一、夫妻吵架的正確方法

夫妻吵架爲經常、甚至正常的現象，不需要隱瞞，但如何將吵架「健康化」、更有「建設性」，才是真正重要。有的人在吵架後，反而會使感情更好。因此，如何健康的吵架，值得歸納成幾個原則：

1、**對事不對人**：不要爲吵架而吵架，不要偏離主題，尤其不要直接罵到對方的家人或對方本身。總之，要對事不對人。

2、**不要翻舊帳**：也就是不要炒冷飯，如果每次吵架，都要重新再吵陳年往事，那將會很痛苦，備感折磨，毫無建設性，婚姻自然不會和諧。

3、**不要幻想**：這種幻想是，你既然愛我，便要了解我；於是依此推論，你不了解我，便是你不愛我。事實上，自己沒有說出內心的想法，別人便很難知道你的想法。

4、**自我負責**：通常吵架總會認爲對方不對、自己沒有錯，都是對方不認錯。其實真正成熟的婚姻，是要自我檢討的；若是採用自我防衛，便容易攻擊對方。所以雙方吵架，第一個便要想到自我反省、自我克制，不要加溫。

5、**給對方一個機會**：當對方有意休兵時，便要停下來，得饒人處且饒人，並不一定要吵出一個結果來，更不一定要當最後的勝利者。唯有再給對方機會，才能適可而止，進而懸崖勒馬，停止更大衝突。

6、**不要分輸贏**：婚姻中最好的結果是「雙贏」（win and win），太太也贏、先生也贏。這種雙贏，並非零和遊戲（zero or one），尤其夫妻間不應有所謂的輸贏，夫妻間沒有面子問題，只有

裡子問題。所謂「床頭吵，床尾和」，不要帶著怨恨入睡，否則對自己的健康也不好。

二、積極地約定彼此約會

簡春安曾建議：「每天至少有十五分鐘的談心時間，每禮拜至少有一次散步，每年至少有一次蜜月……等」，很值得重視。

換句話說，經營婚姻，雙方除了應消極避免衝突外，更要積極地培養婚姻的情趣，讓生活活潑化，才更能提高婚姻的免疫力，也才能更增加婚姻凝聚力。

三、彼此注意親戚間的相處

影響婚姻的另一重要因素，即是雙方家屬親人的相處。

當先生的最好有「太太第一」的想法，而太太要有「婆婆至上」的想法。很多夫妻本身雖然相愛，但卻容易因婆媳緊張或姑嫂相處不好，而破壞兩人間的感情，既無謂，也冤枉，所以也應同時多予重視才行。

四、在金錢上不要隱瞞

因爲，在當今現代社會中，愈來愈多的女性有經濟能力，因此夫妻間的財產應相互尊重、不能隱瞞。如果是各自使用，或者共同使用，均須相互討論、彼此協商，才能相安無事，否則也會形成心

結，影響婚姻。

根據專家經驗，夫妻既爲夫妻，無話不說，便應共同經營融洽的性生活。其重點如後：

五、經營性生活

1、坦白地說出性需要：換句話說，夫妻之間，需要說出怎樣的性生活，對自己才幸福。由於兩性的敏感帶不一樣，每個人的情況也不盡相同，所以男性要坦白告訴女性，怎樣才舒服。女性也應要坦白告訴男性，怎樣才滿足。女性如果覺得不充實，或覺得有性的需要時，也應勇於向先生表達，而先生應體諒，不能投以異樣眼光。

2、找出彼此都能接受的方式：有的太太希望能關燈做愛，但先生認爲關燈看不見沒意思，這時便要能彼此協調；有些先生希望能看A片，但太太認爲看起來很噁心，這時也要彼此能瞭解，以對方均能接受的方式慢慢地調整。

3、不要輕易嘗試禁果：婚前儘量避免不必要的性行爲，否則所付出的代價可能會超出意料之外，最後吃虧的還是女性。根據統計，如果兩人發生性關係，在半年之內能結婚，還沒什麼大問題，若半年內沒結婚，超過一年，形成例行公事，男方便不會再珍惜，也不會想結婚，會用各種藉口推託。女性應瞭解男性這種心理，珍惜性的神祕，才更能保護自己。

六、不要試圖改變對方

兩性相處，最好先學習自我調整。很多人在婚姻中，都試圖改變對方，認為你既然愛我，便應為我而改變；但事情並非如此單純。根據經驗，最好的方法，仍然是自我先改變、自我先調整，然後雙方容忍協調，這也就是為什麼很多老夫老妻，到了老年會長得很像，會出現所謂的「夫妻臉」。因為他們的性情在婚姻中相互調整，經過長久的學習，連長相都會很像。

七、不可經常有「不合就分手」的想法

因為「離婚」二字如果輕易出口，久而久之，便成為習慣語。任何一方，如果衝動、擦槍走火，便可能弄假成真，等後悔時已來不及。所以，絕不能視婚姻如兒戲，任意將「分手」掛在嘴上。

第五節　婚姻的隱形殺手

根據專家分析婚姻的隱形殺手，可以歸納如後，要能充分警惕(44)，才能細心預防，如同培養幼苗般地健康成長：

一、距離太遠

兩性距離如果太遠，對婚姻來講會是隱形殺手，如「內在美」——也就是內人在美國，或是「台獨」——即在台灣獨自一人，均會產生危機。有些情侶，當男友服役或女性出國留學，二人分離太遠太久，往往因爲距離的因素，也形成了無形殺手。

二、溝通已經定型

很多夫妻相處很久之後，因爲並沒有真正了解對方，只是各過各的生活，會使得生活變得平淡無奇，其間若有新的刺激因素，便容易產生變化。

三、生活品質貧乏

婚姻之中，如果雙方沒有成長，會變成彈性疲乏；如果沒有共同看展覽、聽音樂，或參加公益活動，以提高生活品質，既沒有情義維繫，也沒有共同理想來凝聚，便形成一種最低層次的生活，如此的婚姻便很脆弱。

四、成長動機太弱

若雙方皆認爲自己很不錯，認爲沒有必要再成長，或不願意自我調整及學習，將會彼此只停留在各持己見的階段，如此成長的動機太弱，婚姻也會不穩。

五、自我改變的能力不足

真正成熟有自信的人，才會勇於自我調整，經常表現自大的人，其實反而是自卑的反射作用。所以，婚姻之中，彼此應有正確認知，能夠自我調整，才是成熟的表現，也才是信心的表現。

上述是婚姻中應警惕的隱形殺手。正如同環保中許多的隱形殺手──如酸雨、空氣污染等，平日即應預防。婚姻亦是如此，否則便會慢慢地腐蝕婚姻。

那該怎麼辦呢？而對婚姻的隱形殺手，又應如何面對呢？同樣的，可以舉出五點來預防：

一、夫妻應有家庭以外的相處時間

很多夫妻在婚姻之後，便開始各自忙著事業，然後不再有彼此相處的時間；或是小孩出生後，也沒有彼此相處的時間。所以，為了經營婚姻品質，一定要特別安排家庭以外的相處時間，重新再約會，或是看電影、或是喝咖啡，抑或是吃小館等等。

二、仔細設計家庭的生活

例如在一個月內，設計某禮拜六、禮拜天，進行共同的活動；若是小孩子出生了，便帶小孩一起出去，經營共同活動的情趣。什麼叫做經營？就是彼此共同用心，去設計共同的活動，達成共同的目標。

三、把溝通感覺化

夫妻之間相處，最可以談的事，就是彼此對事件的感覺，除了對當天所發生的特別事情之外，包括自己對當天新聞或工作有什麼感覺，若能彼此交換各自的看法，能把「溝通感覺化」，或是「感覺溝通化」，就能相互有心靈交流，這就是很好的溝通。千萬不要把自己的感覺只放在心中，那就會彼此不通。

四、避免分離太久

雖然小別會勝新婚，但久別卻會離婚，太久的別離，必定造成鴻溝。如果真的必須久別，便要有增強的行為來彌補。例如每天固定要通電話、每個禮拜要固定有幾封信。若因身邊的事太多而忘了通電話，感情便會慢慢的變淡了，就會影響婚姻。

五、參加別的夫妻共同活動

婚姻中，若能多學習別人的優點，也有很大的幫助。例如在教會中，有夫妻懇談的團體，彼此可以了解，原來別人也有類似的問題，學習別人如何解決，也可以防患於未然。尤其，「預防永遠勝於治療」，多跟其他的夫妻接觸，便可以學習其相互的經驗，做為重要的經營參考。

第五章
女性主義的思潮發展

一、自由主義的女性主義(Liberal Feminism)

本派代表人物爲女性主義的鼻祖，出生於英國的瑪麗．沃斯頓克拉夫特（Mary Wollstonecraft, 1759-1797）。她在三十三歲出版《婦女權利論辯》（A Vindication of the Rights of Women），堪稱經典之作，因其對於女性主義的所有基本議題，均已考慮在內，而其對女性權益力爭奮鬥的精神，尤爲婦女運動所公認的第一人。

沃氏出生於法國大革命期間，耳濡目染當時自由主義的思潮，因此將自由主義應用在女性權利，產生了劃時代的省思。她的創造性思潮，奠定了女性主義的源頭，所以具有開山祖師般的貢獻。

沃氏在《婦女權利論辯》中，明確要求女性應有三種獨立權利，亦即「工作權」、「受教權」，以及「參政權」。這些主張，不但對婦女運動產生極大的指導作用，至今仍爲全球女性主義的共同主張。

沃氏認爲，很多傳統思想家都對女性充滿歧視，視女性爲「柔弱」，爲「無用分子」。她在《女權辯》中明確指出：(45)

「我必須宣稱，從盧梭的《愛彌兒》到葛雷哥利博士的《父親給女兒的金言》，對這些討論女性教育與儀節的作者們，我可確定地說，都在在使女性變得更人工化、更矯揉造作與柔弱，他們盡力使

女性成為社會族群中的無用分子。」

另外，她也強烈批評盧梭，雖然在法國大革命中深受敬重，但卻對女性充滿貶抑與輕視：「從盧梭的理論來說，如果男人到達心靈的完美境界，而生理也已成熟之際，便是與女人結合為一的適當時刻。而女性的『她』應該完全依賴著『他』的了解，如同菟絲附女蘿，青藤攀巨橡，這種力與美的結合，才是圓滿完整。」

「盧梭又宣稱，一個女子永遠不能自認自己可以獨立，她應當被恐懼、害怕、膽小所控制，表現出可愛乖巧的一面，無論何時男子想要輕鬆休閒的時刻，她要風情萬種地作出賣弄的姿態，成為富於誘惑力的尤物，才是男子的良伴。」

所以，沃氏痛加批判盧梭對女性的成見，針對盧梭所說：「關於女性性格，服務是她偉大崇高的課題，並且必須透過嚴格冷酷的調教以加深其效用」，沃氏認爲，「這種說法不但荒謬之至，簡直是胡說八道了。」她並感嘆：「何以這樣一個偉大人物，竟會在此種主題上，散發充滿男性自大與肉慾的思想！」由此也可看出，女性長期被壓迫的嚴重性。

除此之外，沃氏也強烈質疑，女性被傳統社會制約下的定位，是否對女性公平。她說：

「女性當其為人女、為人妻、為人母的時候，她的美德便是循規蹈矩地完成這種單一的責任。至於生命最大的目標——展露個人才華與個人尊嚴，則與女人無關。她們也許願意選擇一條平坦的順途，但是不要忘記，所謂上天賜與的幸運，並不足以滿足不朽的心靈需求。」

沃氏並進一步分析：「我並非要在概念上取消性別，我也不泯滅女性生命中的愛情責任，這正是生命賴以延綿的媒介，但我仍然力主男女平等，造物的美妙在男女彼此真誠的關懷中，這樣的共行共處才有生命的光輝和滿足。」

因此，她進一步提出一個令人值得深思的反省：

「讓我再進一步質問，那些宣稱擁有人性自然知識的人們，他們是否想像過，婚姻能毀掉生命的元氣？……當她的丈夫不再是她的情人時（這是無可避免的，而且必然會降臨），她那取悅他人的渴望，將會隨丈夫的冷淡而逐漸槁木死灰，甚而成為痛苦的來源，而愛情——在所有情慾中最易凋落的一種——將被猜忌與空虛所取代。」

所以，沃氏在兩百多年前，便已提出令人猛省的根本問題：「從這種情形來看，『取悅』他人的『偉大』藝術，怎能說是女性必要的課題呢？」

沃氏並曾總論女性運動，呼籲世人正視其應有的權利：

「總之，女人不論被摯愛，或者被忽視，她終生目標便是使自己成為『可愛』或『可敬』，而很

少關心她個人真正的快樂。」

因此，沃氏大聲呼籲：「適當的女性教育，更精確地說，應是教育健全豐富的心靈，使女性能獨立自主地度過一生。」否則「要女性因爲需要保護而默默承受痛苦？在鞭笞下微笑而不可呼號哭泣？」在沃氏看起來，「要求女性溫柔順眼，甚至搖尾乞憐，則女人充其量只是男人的玩物！」

所以，沃氏肯定而大聲的疾呼，爲女權請命：

「自由才是道德之母！女人如果不能呼吸自由爽朗的空氣，生命力必然會迅速凋落。女人應被視為具有理性動物的行為能力，不應將她們視為依賴他人而存在的畜類；教養她們，應該涵養她們的心智，給予崇高的原則和訓練！」

沃氏這種觀察與主張，在當時堪稱空谷足音，在久經男性壓抑的傳統社會中，猶如在漫漫長夜，閃出第一道光芒，劃破了大男人主義長期掌控的黑暗期，也爲兩性平等宣揚了第一次公義之聲，至今仍然被女性主義奉爲基本公理。

然而，女性主義的發展，在行動上卻需要男女兩性共同合作，才能真正開花結果，如果後來只有沃氏的論辯學說，而無男性國會議員的從旁推動，當作推手，仍然無法落實成功。

這位重要的推手，正是著名的哲學家穆勒（John Stuart Mill, 1786-1873）；他除了發表過不朽名著《論自由》（On Liberty，嚴復中譯為「群己權限論」），更發表了對女性主義貢獻深遠的名作——〈論女性的附屬地位〉（The Subjection of Women, 1869），文中對女性的困境與委曲，有著極為深厚的同情理解，堪稱男性哲學家中，對女性主義最早也最好的知己。尤其他因為透過英國國會議員的身份，而通過了「婦女參政法案」（Woman's Suffrage Bill），對提昇女性地位功不可沒，至今仍然為人津津樂道。只是當其論文發表的時候，已距沃氏身後七十年，由此也可看出女性主義運動的艱辛。

穆勒在〈論女性的附屬地位〉文中，對女性長期被欺壓的情形，有著極為生動的申論(46)。首先他說：

「如果君主專政和奴隸制度中的權力，是建立在暴力之上，掌權者便不容易得到別人的支持，時常會有太多困難要去克服，但是在男人駕馭女人的關係上，男人的權柄基礎，比前者要穩固多了。」

為什麼如此呢？穆勒分析此中的原因在於：「男人駕馭女人的情形是，每個附屬者都在主人的掌握中生活——但她們與主人的關係，比任何其他附屬者的同伴關係都要密切。」

因此，穆勒指出：

「我們都知道，在政治進化的奮戰過程中，那些鬥士如何受到賄賂和恐嚇，但是比起女人所經歷

的，這些鬥士的遭遇簡直不算什麼——每個女人都長期受到賄賂和恐嚇。人類歷史上，強迫他人屬於附屬地位，把桎梏緊緊地套在受壓迫者脖子上的諸種制度中，最深刻的一種，莫過於『女性附屬於男性』的制度！」

所以，穆勒嚴正反駁對女性壓迫的論調，即使在今天看來，仍然非常令人深思：

「有人會說，男人駕馭女人的權力和其他形式的權力不同，因為這種權力沒有強迫的味道：女人是自願接受的，女人沒有怨言，女人首肯了擁有這種權力的男性團體。然而，早已有許多女性表示過不同意了，自從女人有能力將感覺訴諸作品之後（這是社會唯一允許她們使用的宣傳方式），抗議她們所處的社會狀況越來越多了。」

穆勒並且很持平而超然的分析，傳統大男人主義的心態，問題出在哪裡：

「男人都希望女人的心和他們的心連在一起，他要的是自願的奴隸，不是強迫而來的，要她們不僅成為奴隸，還要成為寵物。其他奴隸的主人，以恐懼來維持奴隸的服務，女人的主人所要的，不僅是單純的服從。因此，他們便以教育的功效，來達成目的。」

除此之外，穆勒更進一步指出，女性從出生開始，便受到重男輕女的教育環境影響：「所有人一生下來，就在這樣的信念下教養長大：女人理想的性格和男人正好相反，女人不該有自由意願，不

該由自我控制支配，應該順從、屈服於男人定下的規範。所有的道德規範及時代感情都告訴她們說，女人的天性、職責，就是爲別人而活，她們的本性就是徹底的自我犧牲，不能有自我的生活，她們只被允許擁有丈夫或者孩子（孩子在她們和男人之間，又形成更緊密的結。）」

因此，穆勒強調，女性之被稱爲女性，其實根本是被傳統教育塑造成必須溫馴、順從，以及放棄的意志：

「我們把下列三件事視為一體：第一，異性自然相吸；第二，妻子完全依賴丈夫；第三，人類所追求的目標——他人的尊重，以及野心的實現，女人只有藉由丈夫，才能追尋或獲得。……那就是告訴女人說，溫馴、順從，將自由意志轉讓到男人的手中，是女人最迷人的基本特色。」

所以，穆勒語重心長的指出：女性的地位，其實長期以來正如同農奴一樣卑微，甚至很多思想家對此還認爲是理所當然；他強調：

「今天，男人和女人的區別，不是正和以往農奴、地主以及平民、貴族的區別一樣明顯嗎？甚至大部分的思想家都相信，這種區別是人類與生俱來、無法改變的。」

所以，穆氏的結論，在此就是「男人從未真正了解女人」。他說：

「現在所謂的女人本質，顯然是人為的東西——是經過某些方面強制壓抑，及另一些方面違反自

然刺激造成的。我們可以毫不遲疑地說，女人，這些附屬者的性格，受她們和主人間關係的影響，其自然成分已被徹底扭曲了。」

他並對女性被扭曲的情形，挺身而出、打抱不平：

「主人由於自己的利益和快樂，對女人本性中的種種能力，已實施鐵血般的改造，女性的生命力由於長期受到這樣的冰雪覆蓋，早已發育不良，甚至有些已被消滅了。男人檢視自己製造出來的成品，就此相信男女有先天的差異。」

所以，針對兩性差異，穆氏特別提醒世人：

「什麼是兩性本質的差異？這個問題在目前社會狀況下，無法獲得正確而完整的答案。……也許女人知道答案，但是如果大部分的女人，只肯發僞誓、不肯做見證，那麼想得知最後的答案，就更困難了。」

甚至對於婚姻，穆氏也指出其中藏有陷阱，並非只從表面看的正面意義：

「婚姻法對女人來說，幾世紀以來，是一個有強制力的法規，女人只有依其生活，否則就不要生活。……婚姻在法律與習俗之下，對女人不只是個實際的約束，而且是使女人成為合法的奴隸。」

因此，如何爲女性除去枷鎖？穆勒特別指出：「如何解除扣在女人心頭的枷鎖？我認爲首先

要讓女人自己出來說話」，但是穆勒也感慨：「到目前爲止，還是很少有女人願意爲自己發言。」

所以，穆勒在此明白呼籲，女性本身應更勇於爭取應有的權益。他說：

「女人僅因為出生性別不同，就被劃為無能者，規定她們不准為某些特定的事物與男子競爭。甚至有人主張，女人不該讀書寫字，女人讀書寫字沒有什麼好處，會寫文章更易使社會動盪紛亂，她們只要能齊家報國就好了。」

同時，穆勒也進一步強調，凡有良心的男人，也應將心比心，替女性著想，共同努力，爭取平等。他說：

「如果我們是一群有良心的男人，我們制定理想社會的目標，不只是讓男性的生命力，在各種方面萌芽，如雨後春筍、在溫暖活潑的氣氛灌溉下，達到男性自我發展的極限，我們同時也該同理可證，讓與我們同根萌發出來的女性生命幼芽，也依自己的方式，得到機會成長。不該讓一半的生命受到溫室愛護，卻讓另一半的生命在雪地裡永遠打滾。」

所以綜合而言，根據自由主義的女性主義看法，女性歷經壓迫，其原因乃在於傳統社會制度：「女性的卑微處境，係根植於社會習俗及法律制度，這一連串壓迫使女性難以進入公共領域；即使進入，也很難成功。」

這派學理也強調，「由於社會誤以爲女性在先天的智力或體力不如男性，因此女性被排除在學院、學會、公共論壇及商業市場之外。」因此，本學派認爲，女性解放之道，就是「要打破隔離，讓女性擁有相同的教育機會與公民權利」。

所以，根據自由主義女性主義看法，所謂的「性別正義」（Gender Justice），一是要制定公平的遊戲規則，二是要有公平的競爭機會。事實上，這也正是美國所稱的「運動員精神」（Sportsmanship）——要求公平的規則與機會，至今仍在世界各地通用，被奉爲共同準則，對追求婦女的公平同樣適用。

因此，沃氏的《女權辯》，公認可比美康德所說的「道德形上學」（Groundwork of Metaphysics of Morals）；因爲康德堅信，「人除非能獨立自主地行動，否則他（她）在行動之際，即未能被視爲一個完整的人」。同樣，沃氏強調，人之異於禽獸者，若說是「理性」，則除非女性爲禽獸，否則女性與男性一樣，均擁有「理性」的秉賦。

換言之，在康德哲學中，「理性」既是構成人之所以爲人的特性，因此無論男性、女性，均應有此特性。

據此立論，沃氏明白喚醒世人，女性絕非「男人的玩物」，也不是男人的附屬品，女性更非

康德所稱的「工具」，其本身即爲「目的」，即爲獨立自足的人格。由此而奠定了自由主義女性主義的基本精神，深植所有具道德良心的仁人志士，無分男性女性，共同重視、攜手並進，才能創造兩性公平光明的新世紀。

二、馬克思主義的女性主義(Marxist Feminist)

傳統的自由，女性主義者，在早期對馬克思理論持批判者居多，其根本立論，如魏斯特（Jackie West）所說，因爲馬克思主義的最大問題，爲「家庭在階級分析之外」。這話一針見血的指出了馬克思主義囿於時代的限制——只顧到「階級分析」，而未顧到「性別分析」。

所以，馬唐納（Roisn McDonough）與賀里森（John Harrison）曾經明白指出，馬克思的最大盲點：「在馬克思著作中，幾乎從未想要分析女性特有的從屬性。」

既然如此，何以又會產生「馬克思主義的女性主義者」呢?究其根本，即是本派學說，又結合了馬克思對「資本主義」的批判，另外加上女性主義對「父權體制」的批判，形成對「父權體制的資本主義」的批判，便產生了獨特的「馬克思主義的女性主義」。

然而，本派如何將「資本主義」與「父權體制」結合呢?

首先，本學派的女性主義者，基於馬克思主義的基本信念，特別突出「階級意識」（class consciousness），因而她（他）們認爲：在階級社會中，根本不可能存在任何的機會平等；所以，只有先打破階級之間的根本限制，才可能順勢解決女性所受的壓迫。

準此立論，本派學說的根本信念，首先認爲，「下層基礎決定上層建築」，如同《共產黨宣言》中所說，認爲「一切歷史均爲階級鬥爭史」，並非男女鬥爭史，而追溯階級鬥爭的根本原因，即是私有財產制。

所以，此派同意恩格斯所說：女性受壓迫的根本原因，也同樣源自私有財產制。因此解放之道，也只有去除私有制，復歸於公有制。

此即恩格斯在《家庭、私有財產制、國家的起源》中所說：「女性的解放，當以所有女性復歸於公有產業爲一前提要件」。

因此，「資本主義」與「父權體制」由此形成蘇可洛夫（Natalie Sukoloff）所說的「辯證關係」。蘇氏並據此而肯定，「關於女性勞動的辯證關係，主張父權體制資本主義的馬克思主義女性主義理論家（後期馬克思主義女性主義者），其理論架構，在理解女性勞動問題上，最爲有力，涵括性也最強。」

換句話說，所謂「馬克思主義的女性主義」，一言以蔽之，就是「馬克思主義回答女性主義者的問題」（Marxist answer to Feminist's question），而馬克思主義之所以仍能有效回答女性主義問題，主要原因有二：一是誠如麥奇能（Mackinnon）所說：「馬克思主義與女性主義，都是有關權力（power）及其分配：亦即不平等（inequality）問題之理論」；另外則是，父權體制不能只看到心理上的支配或壓抑，同時必須看到其「物質根據」，就此而論，馬克思主義的唯物論自然有其一定功效。此所以，馬克思主義的女性主義，在某種意義，亦可稱爲「唯物論的女性主義者」（Materialist Feminist）。

因此，在馬克思學派的女性主義中，如卡士達（M. D. Casta）及詹姆士（S. James），在《女性與社群的顛覆》（Women and the Subversion of the Community）中，更曾進一步以「創造性剩餘價值」詮釋婦女勞動，並根據物質酬勞觀點，將「家庭的勞動」也看成是生產性勞動，進而倡導「家務計酬」。她們認爲，職業婦女等於「兩份重職」（work of a double day）。所以，必須連家務也要計酬，才算真正公平。

就此立論，馬克思主義的女性主義，雖然是兩者的結合，但本質上卻仍然以馬克思主義爲主體，此即哈特曼（Hartmann,1981）所形容：「馬克思主義與女性主義的結合，很像英國習慣法上的夫

妻關係。也就是說，馬克思主義與女性主義雖是一心同體，這一體卻仍是馬克思主義之體。」

除此之外，影響女性主義很大的馬克思觀念，即是其反對「物化」（Reification）的立場，亦即反對「商品拜物教」的中心思想。所以，本派反對將女性看成物品，可以用金錢買賣，反對將女性商品化、廣告化，而忽略了其「人之所以為人」的本性。

因此，對於資本主義社會中，經常利用女性胴體來刺激商品銷售，本學派堅決地表示反對。她們對於女性選美活動，用獎金、獎品等鼓勵女性展現身體，並用數量化的標準審查女性美，也表示極端反對。她們認為，凡此種種，均將女性「物化」與「商品化」，嚴重有損女性本身的尊嚴。

另外，恩格斯對女性及家庭的分析，在本學派中同樣被公認極具參考性：(47)

「一夫一妻家庭制的唯一目的，是使男人在家中居最高地位，且生育他自己的子女，以繼承他的財產；除此之外，婚姻是一種負擔，是一種人對神、國家、和祖先應盡的責任義務。」

恩格斯並進一步從「臣屬」的角度，批判一夫一妻制：「一夫一妻婚姻是以一個性別臣屬於另一個性別的形式呈現；它顯示了一種在史前時代從未有過的兩性衝突。」

所以，恩格斯對此曾經強調：「在馬克思和我寫於一八四六年的一份未發表的手稿中，有這段文字：『最初的分工是為繁衍子女而產生的男女分工。』現在我可以再補充：歷史上最早的階段對

立，正和一夫一妻制婚姻中男女對立的發展同時，而最早的階級壓迫，即男性對女性的壓迫。」換言之，他認為在家庭中，「某些人的幸福和發展，是透過另一些人的痛苦和受壓迫獲得。」

因此，恩格斯認為：

「群婚制留給文明時代的遺產有兩面特性，正如文明時代的一切都是兩面的、雙重說法、自相矛盾般……它的一面是一夫一妻制，另一面則是雜婚制，及其最極端的賣淫形式。」

恩格斯並進一步批評：

「雜婚制就像所有社會制度般，也是一種社會制度；它為男人的利益延續舊時的性自由。不僅被容忍，且特別是統治階級樂於實行的雜婚制，實際上是受到口頭非難的。但在現實中被非難的從不是做這些事的男人，而只是針對女人；女人被排除在外，以便再一次宣示，男性對女性絕對至高的統治，是社會的根本法則。」

換言之，恩格斯認為：「承繼自過去社會情境而來的兩性法律上不平等，不是婦女在經濟上受壓迫的原因，而是它的結果。」

因此，恩格斯認為，從階級論而言，家庭中也有資產階級與無產階級，這就形成統治與被統治的壓迫關係：

「現代的個別家庭，或明或暗地建立在妻子的家庭奴隸制上，而社會是以這種個別家庭爲分子組成的整體。」並且，「現今大多數情形下，至少在有產階級中，丈夫必須有收入以贍養家庭。這使丈夫毋須有特別的法律特權，即居統治地位。在家庭中，丈夫是資產階級，妻子相當於無產階級。」

恩格斯據此立論，其結論即是：

「現代家庭中，丈夫對妻子的統治特性，和確立雙方真正平等的必要性和方法，只有在雙方法律上完全會平等時，才會明顯看出。因此，我們看到的是，妻子解放的第一個條件，是所有女性重回公共勞動，但要達到這一點，又要使一夫一妻家庭，不再是社會的經濟單位。」

很明顯，恩格斯在此犯有邏輯的跳躍。因爲，女性重回公共勞動與一夫一妻制，兩者之間並無必然性。恩格斯在此雖然看到了女性在家庭被壓迫的病痛，但其分析的病源，以及提供的藥方，顯然均無法解決問題。

除此之外，對本派的其他批評，同樣值得重視：

「許多研究都試圖將馬克思主義應用到女性議題。包括主張：女人是資本主義的勞動預備軍，女人普遍的低薪，使得資本家賺得更多的剩餘，女人是家庭消費的管理者，因此成為消費主義的目標族群。」

然而，批評者指出，「有許多研究的野心更大——他們指出，『家事』與『勞動力的再生產』是密切相關的。因此，女人所受的壓迫應置於資本主義的核心。資本從勞動中抽取剩餘價值，而這樣的主張，就直接將女人放在這個集聚資本的過程裡。」

「但是，說資本主義利用女人是一回事，把這種利用當作女人被壓迫的起源，則是另一回事。女人在那些跟資本主義一點也沾不上邊的社會裡面，也是被壓迫的。男女的不平等，比資本主義早了好幾個世紀，資本主義只是接受並重新架設這種不平等。資本主義下的勞動力再生產，並不能解釋纏足或貞操帶的習俗，更不能解釋為什麼總是女人在家裡做家事，而不是男人。」(48)

因此，很多批評者針對本派學說特別強調，應該將「文化傳統」列入考慮分析，才能真正完備：

「正是文化與道德，將『太太』定義成勞工的必需品之一，規定由女人來做家事，並將男性特質與女性特質的文化傳統，順便附贈給資本主義。只有將文化與道德移到分析的核心來，我們才能夠仔細描繪性別壓迫（sex oppression）的輪廓。」(49)

另外，批評者也進一步強調：「在《家庭、私有財產制和國家的起源》中，恩格斯認爲性別

壓迫是先前的社會制度，留給資本主義的遺產，他也將性別與性整合到他的社會理論裡面去。」[50]

> 「但即使依馬克思主義的觀點，賦予經濟活動最豐富的意涵，我們仍然發現，經濟活動並不能滿足人類所有的基本需求。人群也必須繁殖下一代，性與生殖的需求就像飲食的需求一樣，必須得到滿足。」[51]

換言之，很多批評者針對本派女性主義，直指馬克思主義只從「經濟決定論」（Economic determinism）分析，明顯不足；因爲，人群的生存發展動力，除了經濟因素，同時還有其他社會、心理、道德因素，甚至文化、宗教等多重因素，故應從多元瞭解才算完備，而非單一的角度所能硬套，的確也深具省思與參考價值。

三、心理分析的女性主義(Psychology analysis Feminist)

基本上，本派女性主義對心理分析祖師佛洛依德（Freud），採取批判的態度，但卻對其某些方法，採取借重的態度，這就形成「心理分析的女性主義」特性。

本派女性主義對佛洛依德的批評理由非常清楚，因爲佛洛依德提倡「陽具崇拜」，並以此認爲男性優越，甚至認爲女人具有「代代都要引起批評」的先天性缺點，明顯形成大男人主義的成見。他強調：

「我無法不認為，女人的道德水平是較男人為低。她們的超我絕不如男人超我那樣強硬、那樣非個人、那樣獨立。女人代代都要引起批評的那些人格特質——女人比男人較少表現出正義感，較無法毅然決然地投身於生命中應該從事的那些大事，在對人對事的批判上，較易受到個人好惡的影響。」(52)

佛氏認爲，上述種種缺憾，都從「女人的超我不夠發達」，可以「得到充分的解釋」；換言之，女人之所以道德感較低，乃由於女性缺乏陽具的關係。佛洛依德以「超我發達」之名，行「陽物崇拜」之實，其男性中心的偏執，在此明顯可見。

此所以佛氏在其充滿爭議的著作〈性別之間解剖學差異的心理結果〉（Some Psychological Consequence of the anatomical Distinction between the sexes），明確強調：男孩會因女孩缺乏陽具，而「對她產生勝利性的輕蔑感」，至於女孩，「知道她沒有它，又想要它」。佛氏並認爲，這種陽具崇拜，導致女性對本身的自卑感，同時導致女性的嫉妒性格、拒斥自慰等。佛氏甚至稱此等性質，形成了「正常的異性戀的女性性質」。其大男人主義的偏見，至爲清楚。

因此，針對這種論點，早從七〇年代，很多女性主義者便共同對佛氏大加批評。她們共同認爲，女性的弱勢地位，絕對與其生理結構無關，而是與「社會被陽性化的建構」（Social Constitution of

Feminity），有密切的關係。換言之，與個別的「陽物崇拜」無關，而與集體的「陽性化」有關。

然此，近廿年來，仍有至少四種學派對佛氏曾經作出批評。

例如，艾倫（Alfred Allen）便爲代表，她們以堅持「生物性非即命運」（biology is not destiny）爲訴求，以此鼓勵女性，爲女性打不平。

再如丁納史坦等人亦爲代表，她們跳過伊底帕斯情結（Odepus Complex），而將分析更超前，投注在母親與嬰兒最爲親密的「前伊底帕斯情結」（Pre-Oedipal Stage），以此突顯嬰兒與母親緊密相依的共生狀態，做爲了解性別發展的解謎關鍵。

另如米勒（Kate Millett），在其名著《性政治》（Sexual Politics）中，也明白反對以生物學爲根基，去瞭解女性性質的心理結構，而這些正是佛洛依德的中心思想。

再如貝蒂．佛里丹（Betty Friedan），更進一步批評佛氏，已成爲「生物決定論者」（biological determinism），佛氏所堅持的「生理構造即命運」，一口認定女性的生理構造、性別認同與女性傾向，均因其「缺乏陽具」所致，明顯過度簡化，也過度誇張。

所以，在《女性迷思》（The Feminine Mystique）一書中，佛里丹即指出，佛氏「對性的過度強調」，才是造成女性不能進入政經社會等公共領域的主因之一。她並明白指出，「女性所需的，並不是女性自由，而是成為『人』的自由。」

另外，還有不少批評者，專注討論女性道德感（woman's morality）的優點，亦即對佛氏本身進行徹底顛覆式逆向思考，此派以吉里剛（Carol Gilligan）為代表。

她在《異音》中明白指出，男女性各有不同的道德意識，意識雖不同，但同樣發展嚴密、圓融，就有效性與正當性而言，更是兩相一致。例如，男人經常對「公平正義、規範、權利」等議題討論，女人則以「家人」、「朋友」較具重要性，因此，女人以「需求、慾望、興趣及負擔」作為重點，但兩者並不具有上下優劣之分。

因此，佛里丹明確批評：事實上，這種從人文主義出發的批評，也正是弗洛姆（Erich Fromm）以降，心理學界對佛洛依德同樣的批評。兩者在此，真正不約而同，共同歸納出整合的目標：人。

當然，女性主義對佛洛依德固然有批評，但也有所借重。

例如：法國心理分析學家拉康（Jacques Lacan），便曾進一步將陽具崇拜，引申為「象徵秩序的父權結構」。他認為，「陽具經由對慾望滿足的控制，也就是心理分析理論內權力之主要來源，意指象徵秩序中的權力與控制」。這就很明顯，將女性主義的議題——「反對父權結構」，迅速結合在一起。

然而，針對兩性本性之不同原因，佛氏認爲，是因爲男孩與女孩對於「伊底帕斯情結」的不同化解方式，決定了「正常男性」與「正常女性」的不同。

除此之外，秋多若（Nancy Chodorow）從女性心理學出發，質疑佛氏批評，也有很多獨到見解。例如她認爲：

「當然我們一定會問：解釋女人的心理發展，為什麼一定要把重點放在和母親的關係上呢？為什麼一定要追溯到人的童年呢？這些問題觸到心理分析（不管是哪一派的）最核心的命題，那就是，人格發展最決定性的階段，在於童年。至於是在童年的哪一段，主要的說法有兩派：一是原始的佛洛依德派，主張戀母（戀父）情境（Opdipus situation）（大約在三至五歲），是人格形成最關鍵的時刻；二是Melanie Klein的說法，強調初生嬰兒（一、兩歲）已經對外界產生了一個根本的自我姿態，這個姿態會一直延續下來，決定人的性格。」(53)

在其分析中，她強調：「男孩是在伊底帕斯情境中，『被逼』切斷與母親這種沒界線、至親的關係。因爲在這一時期，男孩已意識到自己與母親在生理上的差異，而感受到以原來的方式來愛母親的種種緊張、危險，尤其是對於父親的恐懼，擔心父親將處罰自己對母親的愛。而由於極度的恐懼，男孩將父親的影像投射於心中，採取父親的姿態，也因此認同了父親的性別，來壯大自我，解除焦慮。」

但意識到自己和母親的生理上的不同，爲什麼就會自然地幻想出這麼真實、逼切的危險呢？秋氏認爲：

「父母親的態度有一大半責任，並非全出自小男孩的想像：母親有意無意地讓小男孩感覺到彼此是不一樣的，小男孩將來是要出去和爸爸一樣做偉大事業的，而父親則是對小男孩本來就有敵對的傾向。大人的態度促使小男孩想像出最可怕、極端的危險，以致使他壓抑對母親原始的愛，而形成日後在異性身上尋求唯一、排他性的情愛，但與母親初始的認同（包括母親關愛孩子的一切）早已消失殆盡。」(54)

所以事實上，秋氏的研究，不止於解釋女人的心理發展而已。她最終的關心，「在於改變現存的男女分工關係，由於社會、心理各種因素，造成女人在帶小孩上較稱職的事實，此一事實並不能支持女人繼續獨擔養育子女之職。因爲女人帶小孩，不只穩定了男權社會下不平等的分工方式，本身也帶來了許多可慮的問題。」(55)

「例如：女人會有在兒女身上過度投資的傾向，這對母親與小孩都不好：母親缺乏真正有意義的自我實現，小孩也會有與母親分離的困難，不能成為真正的、自主的個體。」(56)

因此，秋氏強調：「癥結雖然出在母親帶小孩上，但這一問題絕不是母親個人引起的，而是整個社會結構的問題」。她認爲，改變男女分工的方式，才是最根本的方法，「只有男女共同分擔教養子女的責任，小孩可以同時有兩個親和的對象，不管是女兒或兒子，長大後才都能同樣地具備教養他們自己下一代的能力。母性的代代複製，男女間的不平等，也才能因此破解。」

這種看法，一方面既源於佛洛依德的靈感，但另一方面，也超脫佛洛依德的偏執，而將視野擴及整個社會結構，因而甚具創意與影響。

四、社會主義的女性主義(Socialist Feminism)

社會主義的女性主義，其產生背景，主要來自對傳統馬克思主義的不滿，認爲在本質上，傳統馬克思主義者只看重無產階級的苦難，未看到女性的苦難，形成對「性別」差異的盲點（gender blind），因此稱彼等爲「馬克思主義沙豬們」（Marxist Patriarchs）。

事實上，早從列寧時期，科拉羅、列金（Clara Zetlcim）便大聲疾呼，應多重視性別的議題；甚至她還因此遭致列寧不滿：

「我聽說妳在工人婦女的例行讀書研討會上，總是別的不忙，就是忙著談性問題和婚姻問題。聽

說妳別的不愛，就愛談這個。聽到這種話，我真不敢相信自己的耳朵。」(57)

對列寧來講，政治鬥爭才最重要，國際形勢才更重要：

「無產階級專政國家正在跟全世界的反革命作戰。德國的情況告急，無產階級革命力量要是再不好好『團結起來』，眼看即將就要挺不住了。然而，奮發積極的共產黨婦女，卻正在忙著談性問題，忙著談婚姻形式。」(58)

對列寧來說，列金簡直輕重不分，簡直不像話。然而，對列金來說，卻也必定認爲列寧對女性主義本質太不瞭解，對兩性差異太不瞭解。因爲，對女性而言，對政治鬥爭的興趣，當然不如對本身權益及女性委屈來得重要。無產階級的被壓迫，當然不如女性被壓迫來得真切；此即其所說，「無論發生在公領域或私領域內的壓迫形式，女性都著實有必要了解。」

這就奠定了社會主義女性主義的特色——要在社會主義中，增補性別色彩，列入重要考慮項目。否則就誠如社會主義女性主義者海蒂（Heide Hartmann）所說：

「馬克思的種種關懷項目，就像『資本』這種東西一樣，是不帶任何性別色彩的。它並不能告訴我們，至今尚空虛的種種地點，將由男性還是由女性填入。」(59)

因此，另外一位著名的社會主義女性主義者米裘，在《婦女地位》（Woman's State, 1971）

中，便推翻了原先馬克思主義者的基本觀點，不再只從「生產性勞動力」觀點，決定女性的處境，而是放棄了「經濟決定論」的單一觀點，從更多元的觀點，說明女性的地位與功能。

米裘認爲，分析婦女處境，至少應有四種因素決定：「生產」（production）、「生殖」（reproduction）中的角色，在「幼兒的社會化」（the socialization of children）中的母親角色，以及本身在「性」（sexuality）中的角色。

換言之，根據本派看法，女性不只是勞動力中的「生產」角色，同時是生殖嬰兒、養育幼兒的角色，以及本身獨立的性角色。這就與傳統馬克思主義者明顯區隔開來。

另外，馬克思主義影響女性主義最大的部分，還有新馬克思主義的論點，極值重視。如青年馬克思所突顯的「異化論」（Theory of Alienation）便爲例證，其原意本指工人的「異化勞動力」（alienated labour），引申到女性主義，即指女性受階級制度扭曲後，爲了屈從大男人的階級社會，各種表現均自我異化，自我貶抑本有的獨立人性與人格。

此所以馬克思學派的女性主義者弗曼（Ann Foreman）曾指出，資本主義的人際關係中，確實呈現一種疏離特質，這種現象對女性比對男性更爲不利。她認爲：

「男性在企業之內固然也會遭到異化（如與他們自己疏離，與他們的勞動產品的疏離），但異化

對於女性的生活及心靈意識，卻終會造成比壓迫更甚的影響。」(60)

根據她的分析，其根本原因在於：「男性經由與女性的關係來紓解異化；但對女性而言，卻一無紓解。因爲，會對她造成壓迫、壓抑的那根本事體，也正是這類親密關係。」

所以，對馬克思學派的女性主義而言，「化解異化」(Disalienation)之道，女性應從根本覺醒，本身就是「完整的人」、「人格健全，身心均健的人」，而不是需要依靠他人(如親人朋友或男性)，才肯定自我的存在。這就不約而同地通往了現代女性主義的共同信念。

簡要而論，因爲新馬克思主義的興起，「異化論」也充實了社會主義女性主義，這一項被傳統馬克思主義忽略的觀點，卻成爲社會主義女性主義的焦點，代表性人物即艾麗絲．傅穆。她在《女性主義政治與人性》中特別說明：

「自由主義女性主義者，是以『女性受到不公平的歧視』來定義女性的受壓迫；傳統馬克思主義者則是以『女性被隔絕在公共生產外』來定義女性的受壓迫；至於激進女性主義呢，她們則是將女性的受壓迫，主要定義在『男性對女性性能力及生殖能力的普遍性操控』之上；而就我從社會主義女性者的看法，卻認為女性的受壓迫，先非得要以馬克思主義異化理論的修訂版本，來加以定義才行。」(61)

由此可證明，新馬克思主義的中心理論——「異化論」，同樣成為社會主義女性主義的關鍵，這些對關心與解釋女性的疏離問題——女性與他人的疏離、女性與社會的疏離，以及女性與自我的疏離，都產生了很明顯的新觀點與影響。

除此之外，社會主義女性主義很重視政治性。米列（Kate Millett）便曾精闢分析：「『政治』一辭會在此用來形容兩性關係，主要是因為它可以正確地描繪出兩性關係自古迄今的真實面貌。」她並強調：「在美國，許多近代發生的事例使我們不得不承認：種族關係是一種政治關係，是一群人憑著與生俱來的權力控制另一群人。這種憑著天賦權力控制別人的人越來越少了。但是，有一種憑著與生俱來的權力控制別人的現象，既古老且遍佈全球，迄今未曾稍減——那就是兩性關係。」

所以，米列曾經深入分析「性別操控」的根源，她說：

「自古以來，兩性關係就如同韋伯（Max Weber）說的，是上司與下屬的關係。在我們的社會結構中，一般人沒注意到的、常常被忽視（但是卻仍然到處存在）的是男人宰制女人的、與生俱來的特權。在此系統中，社會達成了最聰明的『內在殖民』（interior colonization）。這個現象比任何種族隔離現象都更頑強，比任何階級分立現象都更強烈、更普遍，當然也更顛撲不破。雖然現在表面上看不太出來，但是性別操控仍然是我們文化中最冥頑不靈的基本權力結構。」(62)

米列並提醒世人，父權社會不但自古皆然，而且無所不在：

「這是因為我們的社會，就像有史以來其他文明一樣，是一個父權社會。這是很明顯的，我們只需看看四周的環境就知道了：軍方、工業界、科技、大學、科學研究、政治圈、財經金融界——簡言之，社會中的每一個權力機構，包括警方在內，都握在男人手中。正如艾略特（T. S. Eliot）曾說過的：從上帝超自然的威權，到倫理道德、宗教、哲學與藝術，都是男性的產物。」(63)

因此，米列索性指出：

「如果我們把父權社會定義為『佔一半人口的女性被人口中另一半的男性宰制』，那麼父權社會的原則便很簡單了：女性被男性宰制、年輕男孩被年長男性宰制。」(64)

如何面對這種父權社會，不只是本派關心的重點，同樣也是深值現代文明人關心的焦點。

五、存在主義的女性主義(Existentialist Feminism)

存在主義的第一項基本信念，在強調「個體性」（Individuality），此即存在主義始祖之一的祈克果，明白反對黑格爾的原因。他認爲，黑格爾雖有龐大的思想體系，卻忽略了個體性。

存在主義的第二項基本信念，則在強調「存在的體驗」（Existential feeling），尤其是獨立、

獨特的存在體驗，此所以很多人認爲，每一個人均可成爲存在主義的哲學家。

從這兩項來看，法國西蒙．波娃（Simone de BeauVori）的《第二性》（The Second Sex），堪稱「存在主義女性主義」的代表人物。此所以她從最根本的「個體性」與「存在體驗」，分析女性做爲「第二性」的委屈與不平，深具重大的啓發性。

波娃的終身知己，也是著名的存在主義大師沙特（J. P. Sartre）有一句話，改變了波娃作品中原先的風格。

沙特有次在一家咖啡廳中對波娃說：「至少，該把妳自己融入所寫的東西內；妳本身比其他任何人都更有特色。」這些話令波娃震驚，並且影響深遠。

自此之後，波娃將其本身存在的特殊體驗融入作品中，並以其「個體性」的存在特色爲根基，這就奠定了「存在主義」的女性主義特性。

波娃最聞名的著作，即其於一九四九年出版的《第二性》，她本身針對馬克思主義女性主義的唯物史觀，既加以吸收，又加以批評；另外，對佛洛依德學派的心理分析女性主義，同樣的，既參考又超越，本質上都獨樹一幟，根據其存在主義的個人體驗出發，建立起「女人並非天生爲女人，而是被塑造成女人」的第二性理論。

根據波娃在《第二性》中的看法，女性是受「他性」（otherness）所壓迫；女性由於並非男性，因此成了「他者」（Woman is the other because she is not man）。男人是自我，是自由的，能作決定的存在；但女人則是他者、是客體，她的存在意義由別人爲她決定。

因此，波娃認爲，如果女性也想要成爲「自我」，成爲主體，她就必須像男人一樣，超越出限制她存在的種種要素才行。

當然，波娃本身之所以成爲存在主義者，主要仍因著名存在主義者沙特（Jean Paul Sartre）的影響，兩人終身雖然並無婚姻形式，但一生情義與理念的交融互動，卻早已成爲文壇與思想界的佳話。

沙特對西蒙的影響在那裡呢？主要爲其在《存有與虛無》（Being and Nothingness）的概念，尤其沙特把人的存在分爲「爲己存有」（Being for itself）、「在己存有」（Being in itself）與「爲他存有」（Being for others），其中「爲他存有」顯然即爲西蒙「第二性」的芻型。

西蒙對於女性淪爲「第二性」的悲慘，曾經舉法國十九世紀寫實主義小說家巴爾扎克（Honore de Balzac）的內容說明：(65)

> 「（男人）顯然不關心她的牢騷、她的哭泣、她的苦痛；男人認為自然之所以創造女性，就是為

了以她來作為吾人之用。」

「一切所謂文明國家的典章制度，無不是由男人所造，而男人在書寫律法時，就已經將女性的命運置於如下殘酷的碑文內：『悲慘的女性啊！真讓人掬一把眼淚』。」

另外，西蒙也曾從哲學明確分析女性被歧視的根本性：

「『女人之所以為女人，就因為她缺了那麼點東西』，聖湯瑪士說女人是『不完全的男人』，是『附帶的』存在。〈創世紀〉則以象徵性手法描寫：製造夏娃的材料就是波胥愛（Bossuet）稱之為『一根多餘的骨頭』的亞當肋骨。」(66)

西蒙並據此指出，女性被稱作「性物」與「他者」的不公平：「人性是男性的，男人就女人與他的相對關係來定義女人，而不是就女人論女人；女人不被看成自主的人。米胥樂（Michelet）說：『女人，一種相對的存在……』卞達（Benda）說得最武斷：『……男人想自己時不需考慮到女人，女人則不能脫離男人而只想自己。』男人要女人是什麼，她就是什麼，別無其他；因此，女人被稱作『性物』，意思是她對男人而言，只不過是性物。對於男人，女人就是性——純粹的性，不折不扣。定義女人係以男人爲標準、爲對照；定義男人則無需考慮女性。女人是附帶的、無關緊要的，

恰好是『不可或缺』的反面。男人是主體，是絕對的——女人是他者。」

另外，西蒙更進一步爲女性打抱不平：「她們是一個整體中的一半，雖然在整體中兩性都是不可或缺的，但女人這一半，卻是以『他者』的身份依附於男子。」

因此，西蒙曾引述十七世紀時期的名言，說明女性在各種領域被貶抑的情景：(67)

「十七世紀一個不大出名的女權主義者普藍．德．拉．巴雷這樣說過：『所有男人寫的關於女人的書都應該懷疑，因為男子的身份就像是在一樁訴訟案中，既是法官又是當事人。』……立法者、神職人員、哲學家、作家和科學家，都盡力證明婦女低人一等的地位是天經地義的。……一個人之為女人，與其說是『天生』的，不如說是形成的。沒有任何生理上、心理上，或經濟上的定命，能決斷女人在社會中的地位；而是人類文化之整體，產生出這居間於男性與無性中的所謂『女性』。唯獨因為有旁人插入干涉，一個人才會被註定為『第二性』，或『另一性』。」

根據西蒙的觀察，女性被迫將自己物化，才能爲人喜歡：(68)

「她被教導去取悅別人，她必須將自己變成『物』，別人才會喜歡；因此，她應該放棄自發性。人們對待她，像對待一具活娃娃，她得不到自由。一種惡性循環就此形成；因為她愈不運用她的自由去瞭解、捕捉她周圍的世界，她的泉源便愈枯竭。」

「男人很幸運地在童年時就知道，他的志向和性別並不相牴觸；但女人為了表現出人所公認的女性氣質，就必須變得物化、變成獵物，放棄對獨立自主的主張。這衝突特別鮮明地表現在走向解放的婦女中。」

除此之外，西蒙更進一步分析婚姻對女性的不公平：(69)

「婚姻，是傳統社會指派給女人的命運……（而）作母親是她的『天職』……（但）人們一方面輕視女性，另一方面對母親表示敬意，這兩種不同態度的輕易揉合，實在是過了份的欺騙。人們拒絕她從事公共事務，禁止她從事男性事業，強調她的無能之餘，卻委託她擔當最細膩、最嚴肅的工作：『人』的塑造，這兩者之間有著荒謬絕倫的矛盾。」

「主張婦女可以從生兒育女中，爭取到同男人平等的地位，是自欺欺人的。有人喜歡說，作母親是神聖的權力，但婦女並非作了母親才獲得投票權的。」

面對女性這種悲慘情境，應該如何改進？西蒙提出三項建議性的重要方法：

第一，女性必須去工作。亦即應該到家庭外勞動，而不是只在家庭內勞動，唯有如此，才能為女性開創潛力、肯定自我。西蒙明確指出，唯有在工作中，「女性才能具體肯定她作為主體的地位」。

第二，女性必須努力成為知識分子，成為婦女改革先頭部隊的一員。西蒙並大力推薦女性研讀三位名作家Emily Bronte（《咆哮山莊》作者）、Vigima Woolf（《奧蘭多》作者）及Katherine Mansfield，因爲她們對生命、死亡及痛苦的探究，非常人所能及。

第三，女性可以為社會朝社會主義的轉化，貢獻其心力。她並多次強調，經濟因素乃是婦女解放的重要關鍵。因此，她鼓勵女性能在經濟上自力更生，然後多從事公益與社會運動，才更能在捍衛社會正義的行動中，展現女性存在自主的意義與傳統。

另外，除了《第二性》，波娃在一九五八年再出版了《回憶錄》，仍以存在主義爲本質出發。「人」是否有存在的意義與傳統，端視其是否有自主性與自由性。因此，女性也必須不斷地追求自由與自主，才能掙脫被男性束縛的「第二性」。

此所以，即使在波娃的《回憶錄》中，她也強調獨立自主的重要性，甚至認爲自然景觀也因她的獨立自主性才存在。存在主義所突顯的「獨特性」與「個體性」再度呈現出來。她說：「我再度成了獨一無二的人。……需要我的注視，山毛櫸的紅色才能夠與洋杉的藍色、白楊的銀色互相融合。當我離去時，景色消失了，它不再爲任何人而存在著，它一點也不存在了。」

從本段中，可以充分看出波娃的存在主義特性，而其應用在女性主義的啓發，更深入很多女性

的心靈，開創了眾多女性從個體與主體出發奮鬥的原動力，深值當代重視。

六、激進的女性主義(Radical Feminist)

激進女性主義者雖然派別甚多，但有一項基本共識——那就是認爲：「女性受壓迫」，是最根本、最基礎的壓迫形式。盧絲堡（Paula Rotheuberg）與艾麗絲的看法，最具代表性：(70)

1、女性是歷史上第一個受壓迫的團體。

2、女性之受壓迫，是最普遍的壓迫形式，它幾乎存在於所有社會當中。

3、女性之受壓迫，是影響最深、建基最穩的一種壓迫形式，因為它根柢最固、最難拔除。

4、女性之受壓迫，無論就「質」「量」而言，造成的苦痛均堪稱最多最烈。

5、女性之受壓迫，提供了一個概念模型：藉之可理解所有其他的壓迫形式。

換句話說，激進女性主義者認爲，壓迫女性的是「父權體系」（Patriarchal system），而這個體系是以『權力』（power）、『宰制』（dominance）、『階層』（hierarchy）及『競爭』（competition）爲特徵，且此體系無改革之可能，唯有連根拔除方能除弊。

因此，根據激進女性主義者的看法，「必須被顛覆的，並不僅只是父權體制的法律與政治結構

而已，連其社會與文化體制（尤其家庭、社會，以及學校），也必須一併鏟除。」

正因如此，激進女性主義者的發展具有多樣性，而其成果也有多面性，尤其在「生態」（ecological）、「生殖與母職」（reproduction and mothering）、「性別與性」（gender and sexuality）、「靈性與藝術」（spirituality and fine arts）等領域，均正方興未艾，且均具有極大衝擊性。

至今爲止，激進女性主義最具顛覆性的論點，可以歸納如後：

1、反對「自然規律」（natural order）。在她們看來，傳統社會認爲「男人應有男人味，而女人應有女人味」，應該對此反對，她們認爲，這是將女性「卑屈化」，因此應對這種「生物性現狀」（biological states quo）加以顛覆。

2、此派認爲，壓迫女性的，並非女性的生物性本身，而是男人視女人爲「生養機器」，並以此來操控女性。因此，也應對此加以顛覆，女性必須做自己身體主人，自己決定是否使用墮胎、是否使用節育技術、或是否養育子女，而不應只聽命於男性。

3、此派認爲，男性長久以來，只爲了自身歡悅才操控女性的性活動與性意識，例如色情學、性侵害、纏足、殉夫等等，均屬此類。因此，女性一定要能跳出「異性戀」的限制，通過「獨身禁慾」（celibacy）、自體性慾（autoeroticism），或女同性戀（lesbianism）等等，來創造「無男性」的女

性性活動及性意識。因此，她們對兩性共營性生活，固然也接受，但對女性自慰，或女同性戀，認爲也均應接受。

事實上，「個人即政治」（personal is political）這句口號，最能一語中的地說明激進派女性主義。

因爲，激進派女性主義者認爲，婦女的不滿，不是一種無法適應環境而發出的神經質感嘆，而是對一個系統化宰制、剝削、壓迫婦女的社會結構提出回應。

尤其，激進派女性主義認爲：「父權體制」最能代表男性支配女性的社會體系。其中以米列的定義最典型：「我們的社會……是父權社會。只要想起軍隊、工業、技術、大學、科學、政治、財經等，社會所有通向權力的大道，包括警察的強制力，全由男性掌握，事實非常明顯。」

然而，針對激進派女性主義過度強調「性」之重要，而相對抹煞「個體的認同」，佛里丹在《女性迷思》中也有很深刻的批評。她說：

「婦女本身僅是屬於一種性的對象，終其一生都是屬於生活在世上事物的宿命，由於她本身缺乏個體的認同，因此她也無能去改變世上的其他人。」

所以，佛里丹認爲，與其將婦女問題看成性的問題，不如歸之於心靈的「意識」問題。

此所以，佛里丹曾明確批評激進女性主義：

「在我看來，婦運似乎必須擺脫性政治的窠臼。目前充斥著有關陰蒂高潮的論調，認為可以把女人從對男人陽具的性依賴中解放出來，以及女人跟男人上床時，應該要堅持『在上面』的論調；起初，當我看到那些奇怪而毫無幽默感的報告，聽到那些似是而非的『意識啟蒙』（consciousness-raising）對話時，我以為那是笑話。隨後，我便明白了，誠如西蒙、波娃曾寫過的：這些女人或多或少是用性來實踐她們對社會的反叛，用性來宣洩她們對女人在社會上普遍處於『下位』、對女人總是被男人否定的怨恨。但是她們的怨忿，卻被化約成一種對性的過度憎惡（an orgy of sex hatred），反而削弱了她們的力量──即刻就必須改變她們所憎恨環境的那股力量。」(71)

另外，佛里丹也指出：

「因為媒體一味地嘩眾取寵，這些恨男人者（man-hatred）受到公眾廣泛的注目，遠遠超出她們在婦運陣營裡的人數。許多加入婦運的女人，在她們最初開始意識到自己的處境時，都經歷過一段對男人滿懷恨意的短暫時期；但當她們開始起而改變她們的處境，她們就成熟地脫離了我所謂的『偽激進的幼稚期』（pseudo-radical infantilism）。但那些恨男人的論調，仍持續困擾著運動陣營大多數的女人，甚而繼續讓許多女人離開這個陣營。」(72)

因此，佛里丹對於激進女性主義顛覆性的建議，便很值得重視：

「同時，女人也必須面對她們的性別天性，而不是像早期的女性主義者一樣，否認或忽視這項本質。社會的結構必須重新調整，俾使女人，恰好是人類中具有生育能力的一方的女人，不論是否願意（或在什麼時機）懷孕生子，她們都能做出人道的、負責的選擇，而不會因此被剝奪了參與社會的權利。這指的是，生育控制和安全墮胎的權利、育嬰假及育兒中心的權利。如果女人不願在生育年齡期間，在成人社會中完全消失匿跡，社會就得給她們這些權利。」

「我們需要愛，甚至有時需要依賴，依賴一個男人，這是性別和人類的現實；我無法依據否定這個現實的方式，替女性界定『解放』的意義。在我看來，男人不是真的敵人，他們是受牽連的受害者，受盡了過氣的男性迷思的折磨；那迷思讓他們在一個沒有熊可殺的時代裡，覺得自己一無是處。」(73)

這段中庸式的論點，對激進主義採取溫和的中間路線，對當代女性主義運動，也產生了莫大的深刻影響。

七、個人的女性主義者（Individualistic Feminism）

本派的女性主義者，主要是針對激進女性主義的反動。

因爲，激進女性主義者，把女性的痛苦過分簡化，成爲單一根源——父權社會，並認爲只要全面顛覆傳統父權社會，即可解決女性問題。這種看法，非但推論過程失之草率，而且解決的方法也不切實際，無法做到。

所以，激進女性主義者的形象，容易被認爲「怨恨男人的主義」（Man-hatred），走不出悲情，影響所及，令人覺得「所謂女權主義者，就是故意搗蛋、找麻煩的那一種人」，甚至「女權主義者不但不去爭取兩性之間的平等，反而設法製造女男之間的不公平」，形成固定的錯誤形象：「女權主義者指的是那些極其偏激、胡亂好強的那種女人」。

因而，沙茉思（Christina Hoff Sommers）在《誰偷走了女權主義》（Who Stole Feminism, 1994）中，明白指出激進女性主義的毛病：

「這些女權運動的領導者和理論家認為……我們還在性別的戰爭中，她們渴望宣傳自己受壓迫的故事，為了隨時提醒其他婦女也被壓迫。」(74)

沙茉思強調，激進女性主義的問題，在於她們「永遠把壓迫者和被壓迫者對立起來，永遠把自已看成被男人壓迫的對象」，她稱這種主張的人爲「以性別爲主的女權主義者」（Gender

Feminist），因爲戴著有色的眼鏡，反而失之偏頗。

所以，沙茉思認爲，現代大部分婦女運動者，普遍對現代婦運之母貝蒂．佛里丹（Betty Friedan）在《女性的奧祕》中所提的「女性自我探尋」，產生了懷舊心態。她們寧可把重點放在人文主義的學理，做爲「女性自覺大躍進」，而不願進行激進的「男人對女人的戰爭」，因此她們認爲，激進女性主義過份的強調性別差異，過猶不及，反而是種錯誤。

此所以，佛里丹在《第二階段》中專門列一章討論「家庭」，並視其爲「女性主義的新領域」。佛里丹指出：「許多女性主義者堅持家庭正是仇敵，是婦女自我覺醒的主要障礙。」

佛里丹並指出，「婦女爭取平等和自我本質的第一階段」是必要的；然而，過猶不及，如果永遠只停在第一階段，視家庭爲仇敵，顯然也違背人性。

所以，佛里丹主張，到第二階段，「必須要能夠超越這些衝突」。因此佛里丹明確指出，「女性運動的下一階段，並不是女人對抗男人」，而應是男女共同合作，這與中國易經中所說，陰陽互補互生的道理，便完全相通。陰陽相處之道，並非敵對互斥，而應相反相成，這才是「雙贏」的最高境地。

根據佛里丹的看法，男女兩性展開新合作的交集點，就是從家庭工作開始，男女相互合作，才

能互利雙贏。「有很多兒子、丈夫和父親都很想參與，貢獻一己力量。」

因此，「當前我們或許應該想想，不只是讓男性象徵性的參與，因爲下個階段不只是爲女性而已，也會是爲了男性。」

此所以佛里丹在《第二階段》序論中，明白強調：「愛、關懷和養育的傳統觀，也是女性一向的傳統社會觀。」因爲，「我們爲平等而運動，並不只是爲了得到一些以前只有男人從事的工作而已」。

佛里丹在序論中更呼籲：

「在這個歷史性的地點，我呼籲女兒們、我呼籲已不再筋疲力竭的母親們……我也以新的方式呼籲兒子、情人和丈夫們……要知道當我們採行這新的步驟時，就會有力量將傳統觀，由自私且物慾的貪婪中扭轉，再次回到生命最大的利益上，行動吧！」(75)

這種人文省思，也正與易經所說完全相通：「一陰一陽之謂道，成之者性也，繼之者善也」，只有兩性之間（正如同陰陽之間）相互尊重扶持，才能完成生命更大價值，創造更大善果。此中深義，的確深值東西方共同重視。

所以，佛里丹道出許多婦女的心聲，直接批評某些激進女性主義者，「視男人是敵人，當母親

和家庭會壓抑女性，對敵人在性方面屈服，便是背叛自我且出賣女性。」

她認爲，這種言行違背了基本人性，如渴望親密性，與傳宗接代性等。

另外，同樣批判激進女性主義的，則是九〇年代風靡歐美文壇與大眾文化界的佩格利亞（Camille Paglia）。她近年所出版的《性形象》（Sexual Personae, 1990），以及《尤物與淫婦》（Vamps and Tramps, 1994），均對現代婦運造成深遠的影響。

佩格利亞在《性形象》中認爲，以往女權主義的根本問題，就是對「文化」與「自然」傳統判斷的倒置；並把「文化」代表男性父權社會的產物，「自然」則是女性的代表。但女權主義攻擊父權制時，卻忽略了「父權制」其實是人類文明的共同產物，全盤地一昧攻擊，等於是放棄文明，自我放逐到草原茅屋中。

另外，她在其近作《尤物與淫婦》中，更進一步批評激進女性主義對「性」的誤解，因爲彼等有「被壓迫者的情結」，以致爲「女子建造了一座可怕的性的地獄，使她們永住其中，而現在更擴大成爲她們的整個文化世界，變爲一種充滿憤怒及盲目狂熱的邪惡宗教」。

綜合而言，因爲這些對激進女性主義的批評，導致九〇年代很多女性主義逐漸體認，過分強調「兩性抗爭」，反而會使自己淪爲性別的奴隸，因此已經逐漸走出男性／女性對立的毛病，並且同

意「後天的性別」（gender）絕不能與「生理上性別」（sex）分開。

影響所及，近年即使自稱「唯物女權主義者」的韋格（Jennifer Wicke），也修正其對「父權制」的定義，認爲這仍需由男人和女人共同建立而成；亦即，不能全數歸咎男性，女性也應從人文自省，共同努力化解。

總之，根據本派論點，「如果說，七〇年代或八〇年代的美國女權主義，偏於抗拒父權的單元化；到九〇年代，可說是容納各種女權主義『多元化』時代。」對於今後的婦運進展，將更具建設性，因而深值共同深思與推動。

第六章 婦女運動的來龍去脈

近代婦女運動，若從其演進過程分類，可列為六大項：一、十八世紀歐洲；二、十九世紀美國；三、十九世紀歐洲；四、廿世紀上半葉；五、廿世紀下半葉。

第一節　十八世紀歐洲

歐洲啓蒙運動開啓了人權的先聲，很多自由主義大師應運而生，但很可惜的，對女權並未真正推動。甚至極有代表性的啓蒙大師盧梭（J-J Rousseau），還明白發表過歧視女性的內容：

「男人和女人是為對方而存在，然而他們的相互依賴是不平等的。沒有女人，男人仍然存在；沒有了男人，女人的存在便有問題。」(76)

甚至於，盧梭在《愛彌兒》（Emile）中還認為：

「女人一生的教育都應該依照和男人相對關係而設計。女人是要取悅男人、要貢獻給男人、要贏得男人的愛和尊重、要哺育男人、要照顧男人、要安慰、勸慰男人，並要使男人的生活甜蜜且愉悅。」(77)

從上述內容可見，即使開明的自由主義大師如盧梭，尚且不能免俗的歧視女性，充分證明，女

性被壓迫的情形有多嚴重。

事實上，西方女性在傳統所受的不公平待遇，根據魏斯曼（Carol Hymountz Q. Michaele Weissmam）認爲，還可上溯到聖經中相關部分。

魏氏指出：「基督教聖經中告訴婦女，婦女都按上帝的形象塑造而成。」依此，男女在精神也應平等才是。但新舊約卻又說，女人服侍男人是義務責任。創世紀篇中，上帝且直截了當告訴夏娃，讓丈夫統治，是對她的唯一懲罰。女性來源爲男性的肋骨，消極表明依附男性而存在。事實上就是這種「懲罰」，形成長期的父權統治社會，也形成長期的女性被壓抑。

除了宗教上定位對女性不公平外，在法律上的定位，也是同樣的不公平。所以法學家威廉・布烈克・史東就曾說：「依據法律，婚姻結合男女成一體；所以，在婚姻中的婦女，就生命或法律存在面來說，都被停權。最少也是融入丈夫的權利中，在丈夫羽翼下，她才可以做每件事。」

換言之，女性只有「在丈夫羽翼下」可以做每件事，這就明確將女性定位爲男性的附屬物；因而，「男尊女卑」、「男主女從」，便成爲西方長期以來牢不可破的歧視女性傳統。

就在這種嚴重與長期的壓迫女性傳統中，十八世紀中葉，女性運動的開山祖師出現了——她的

名字叫做瑪麗・沃斯頓（Mary Wollstonecraft, 1759-1797），她出生於英國農家，因爲從童年就經常遭到父親酗酒暴力，因而立志追求女性的獨立尊嚴，並先從教育著手，在一七八三年於倫敦建立了第一所爭取女性權益的女子學校。

更重要的是，一七八九年法國大革命發生，給了三十歲的瑪麗極大衝擊，她在整理澎湃的思緒後，於一七九二年將啓蒙的思想運用在女性身上，於一七九二年爲女性奠定了第一個重要的里程碑，發表了著名的「婦女權利辯白」（A Vindication of the Rights of Women）。

在此篇相當於「婦女運動宣言」的文章中，瑪麗公開並首次爲女性打抱不平，她認爲女性「被教育成男人的玩物，一隻在男人身邊發生響聲的玩具，不論男人要求取悅他的理由是什麼，她都必須隨時在一邊陪笑著。」

因此，瑪麗也首次提出婦女工作綱領，要求女性應有三項基本權利：一、工作權；二、教育權；三、參政權。事實上這三項訴求，也成爲婦女運動至今的三項核心議題。

瑪麗的著作，在十九世紀一直被認爲「女權主義者聖經」。她在該文中，並明白主張「神賦兩性天然權益」。她說：

「如果上帝不打算讓男人成為暴君的奴隸，那麼把女人成為男人的奴隸，也不會是上帝的意願。

再進一步說，正像美國或法國男人，為了反抗獨裁揭竿起義，婦女也可起而反抗丈夫、父親、兄弟的獨裁。」(78)

除此之外，瑪麗更嚴厲批判當時婚姻的「工具」性格。她沉痛的指出：「婦女被造成只求被愛，不求被尊重，唯恐因男性化，被社會唾棄。」

因此，她甚至認爲婚姻已經淪爲合法的賣淫行爲，婦女只用胴體換得經濟保障。她想改變兩性之間的關係，以平等取代依賴。她說：「我不希望婦女有權控制男人，但應有權主宰自己。」

換言之，她認爲，婦女如果有謀生能力，就不用去「色誘」男人。如此，女人才能擁有「真正的婚姻」——那是基於友誼、尊重與愛情的婚姻，比迷戀昏頭深刻多了。瑪麗這些看似顛覆性的主張，對喚醒女性的反省與抗爭，卻具有重要的影響功能。

只是，令人惋惜不幸的是，瑪麗本身在現實生活的情感遭遇許多波折，也曾因失戀而跳河自殺，幸而獲救，後來於一七九七年因難產而過世。其女兒深具才華，和詩人雪萊結婚，並曾出版著名的科幻小說《科學怪人》

另外，在法國，則以奧琳彼（Olympe de Gouge, 1748-1793）爲代表，她在四十三歲（一七九一年）特別發表了著名的《女權宣言》（Declaration of the Rights of Women），呼籲婦女在法律、政

治和教育上，均應享有和男性同等的權利；她特別強調：「不論已婚婦女或是單身女性，都應享有生而平等的權利，及神聖的財產所有權」，堪稱首開保護女性財產的先河。

然而，同樣不幸的是，奥琳彼在法國革命中，因為反對處死國王，被暴民送上斷頭台，臨刑前她還高呼「革命不應有性別的差異，法國革命應該是世界的模範」。充分可見其堅持爭取女性平等的精神，的確令人感動。

除此之外，英國婦運重要的里程碑，是著名哲學家兼國會議員穆勒（John Mill），他對女性權益充滿同情與努力，扮演很重要的角色，同樣深值重視。他沉痛的指出⋯：

「人類早期，男性『大部分』是奴隸，女性卻『都是』奴隸。在思想家膽敢為男奴或女奴的正義需求聲張之前，藉著社會援助的過程，至少在歐洲基督教國家，男奴制度逐漸全面廢止，但女奴制度卻漸漸演化成較溫和的形式──倚賴。目前存在的倚賴性，不是原有的形式，而是考慮到社會正義和便利之後，有了嶄新的風貌，雖經不斷的緩和及修正，但倚賴本身，並未失去原有的野蠻本義。」(79)

另外他明白指出，「駕馭女人的權力，可以降臨到每個男性為家長的家庭中，每個期盼權力者都可以擁有。莊稼漢可以和貴族一樣，運用他份內的權力。這種主從關係還有一種特色：想掌權的

人所駕馭的便是他身邊的人、和他一起生活的人、他最關心的人，這樣他便可以依照他個人的意願，獨立行使權力。」

因為穆勒對女性的處境深具同情的了解，更曾挺身而出，仗義執言，所以堪稱婦運最好的代言人，也是婦運史上成功推動婦運法案的第一人。

第二節　十九世紀美國

如果說上述十八世紀歐洲的女性運動，宗旨是要推翻「男人家庭暴政」，影響所及，在十九世紀的美國女性運動，則因國情不同，推進婦女運動的原因，主要是在推翻「黑人奴隸制度」。

此所以美國早期的婦女運動領袖，主要均為黑人婦女，並主要源自對黑奴制度的反抗。其中哈莉．杜曼（Harriet Tubman, 1823-1923）便是典型例證。

哈莉出生於馬里蘭州，為女黑奴，從小就勇於反抗惡劣的歧視環境，在二十五歲時與兄長一起逃到北方，並曾多次帶領其他黑人同胞，透過著名的「地下鐵道」逃生，追求自由環境。

另外，愛倫．克勞夫（Ellen Craft, 1829-1891）也是相關例證。她出生於南方的喬治亞，父親

是棉花廠主人，母親在被其強暴後生下她，同樣淪為黑奴；但也因此奠定其堅毅奮鬥的意志。所以，當愛倫逃到東北角波士頓後，在自由黑人區成立了新家，並成為反奴隸組織的領袖。一直到南北戰爭後，才重回喬治亞州，透過教育興學，培養了不少黑人精英。

除此之外，另如杜斯（Sojourner Truth, 1709-1883），原為住紐約的第二代黑奴，後來加入紐約的福音傳道組織，並轉到麻省，透過奴隸廢除運動，推展新婦女運動，同樣貢獻很多。

魏斯曼（M. Weissmen）對此現象說的很中肯：「婦女，主要透過反奴隸的運動，學會了爭取自由、駁斥抹黑，也學會了組織、陳情、籌措經費等技巧，更磨練出奮鬥不懈的精神」，對推展婦女運動影響深遠。

有了這些反奴隸制的黑人婦女先驅，很多白人婦女隨後也加入爭取婦女權益的行列。其中最著名的有二人。

一是露克莉蒂亞．莫特（Lucretia Mott, 1791-1850），被稱為美國「婦女運動之母」，她經常參考瑪麗的《婦女權利辯白》奉為聖經，還育有五個子女，同時要教書，因為其待遇只有男性的四分之一，所以更能真切地感到不平，從而更興起對黑奴的同情。所以，莫特領導「費城婦女反奴隸」，並與先生詹姆斯在費城成立許多「自由商店」，專賣黑人所生產的農產品，成為美國婦運的重

要生力軍。

二是伊莉沙白．凱蒂（Elizabeth Cady Stanton, 1815-1902），她是紐約州法官的女兒，所以從小好學，然而卻自幼被告知「不能和男生一起走進教堂」，因此深感重男輕女的歧視對女性很不公平；尤有甚者，當她告知父親法學院的學生，她得到聖誕禮物項鍊與手鐲時，這些法律系學生竟提醒她：

「如果妳是我太太，這項鍊和手鐲便屬於我的；妳只有在得到我批准後，才能穿戴。我甚至可以拿去交換一支雪茄，而妳只能眼睜睜地看著妳的首飾，在雪茄煙中消失！」(80)

伊莉莎白聽了之後，大感震驚，對女性財產如此被剝削深感不平，因而也更刺激她立志去爭取公平的志向。她透過法學訓練與巡迴演講，也對促進兩性平等作出很大貢獻。

除此之外，從一八三八年起，來自南卡羅萊州的姐妹莎拉（Sarah Mapp Douglas）和安姬麗娜．葛林凱，成立了「婦女反奴隸組織」，也被公認為反奴隸運動的核心領導人。

她們本為美國南方的貴族千金，父親為該州助理首席法官，但因自幼看盡蓄奴的種種慘況，深感痛苦，並且不能忍受一面被教誨「基督教道德主義」，另一面卻眼看奴隸制度的慘無人道，所以立志要為奴隸打抱不平。

後來，她們二人找到南方唯一譴責奴隸制度的的桂格教派，專心投注於反對奴隸制。安姬麗娜並曾明白強調，「解放黑奴是我最深、最莊嚴的信念，為此信念，可以壯烈犧牲。」

她們二人後來移居紐約，並經常巡迴講演反對奴隸制的理念。隨後更進一步明白強調，「反奴隸」與「爭女權」有關，因為奴隸與婦女，都被剝奪了憲法及權利法案賦與的公民權。她們明確指出，從本質而言，沒有什麼「奴隸問題」或「婦女問題」，有的只是人權問題。也就是，不分種族、性別，所有的人都應擁有上帝及美利堅共和國法律賦予的權利。

她們並完全否定「上帝要女人成為男人附庸」的說法。她們並推出一系列〈兩性平等公開信〉，完全否定「上帝要女人成為男人附庸」的說法。她們認為，聖經中說「女人劣於男人」，只凸顯撰述聖經那時代男人的褊狹，並非上帝的真正意旨。因為上帝創造女性，是要做男人平等的伙伴和朋友。

除此之外，她們也繼續審視人類歷史中對婦女的不公平。她們認為，歷代加給婦女的種種不幸，如劣質教育、不平等法律、經濟被剝削等，都很嚴重。因而，她們提出要求：男女應同工同酬、女工被剝削問題也應被重視。此外，她們也提醒，婦女有必要自我改變，不要再迷戀時髦、行為瑣碎、假裝無知、企求男性保護，否則只會更壓制自己。她熱切相信，男女擁有相同的權利與責任，她們認為，「男人道德上要做的事，女人也要做」。

透過這兩位女中豪傑的奔走與努力，她們在一八四八年七月十九日，共同在希內加得布舉行的第一屆婦權大會，通過了著名的《希內加瀑布感性宣言》（Seneca Falls Declaration of Sentiments），其中很多論點，對人們發出了暮鼓晨鐘般的反省之聲：

「男人和女人生來平等；

人類的歷史，是一部男人不斷傷害和霸佔女人的歷史；

男人從不准女人在實際的公民權上，執行她那無法讓渡的權利；

由法律的觀點看來，在婚姻中，男人造成女人民法的死亡！」(81)

透過這些重要宣言，她們結合更多的精英，包括蘇珊．安東尼（Susan Anthony, 1820-1906），到全美各地，推廣婦女運動的議題——爭取女性的財產權、工資權、教育權、就業權，以及投票權，引起非常廣大的回應。

除此之外，一八三八年二月，另外一位婦運健將安妮麗娜，於同一週內兩度在麻州議會發表演講。表面題目是：她們在巡迴演說時，已蒐集二萬名婦女，爲反奴隸制度簽名；但真正意義更深遠：她是美國歷史中，第一位在議會發表言論的女性。從此提醒世人，在公開場合中，「婦女不再沒有聲音。」

另外，更有露西．史東（Lucy Stone, 1818-1883）加入了陣容，也成爲婦運的健將。她從小苦讀出身，在歐伯林學院工讀，通常早上二點就要起床，清掃地板及餐廳，因此更磨練出堅忍力與打不平的性格，也成爲奴隸解放與婦女解放的優異代言人。

到了一八八八年，亦即第一屆婦權大會成立的十年後，上述四人正式成立「全國婦女參政權協會」（National American Women's Suffrage Association），成爲推動婦運重要動力。露西終生奉獻其中，甚至在臨終時，還曾低聲叮嚀其女兒艾麗絲：「要讓世界變得更好！」亦即要繼續讓女性受到更公平的待遇。她們的精神毅力，以及鍥而不捨的堅忍耐力，的確深值後人敬重與效法！

第三節　十九世紀歐洲

十九世紀在歐洲的婦女運動，同樣充滿了血淚與曲折。英國首開先河，但前後歷經了三代，直到一九一八年，英國婦女才爭取到了投票權，並且還僅是三十歲以上才行。英國婦女領袖們在其中的堅忍與辛酸，不屈不撓，稱得上可歌可泣、可敬可佩；而其影響非常深遠，可說既大且久。

首先第一代，可以「蘭罕廣場的女健將們」爲代表；其中又以芭芭拉．史密斯（Barbara Leigh

Smith, 1827-1891）為主，她與好友貝茜·帕荃斯（Bessie Rayness Parkes）等人，在一八五六年組織委員會，爭取通過「結婚婦女財產法案」，首次要求已婚婦女能保有自己的財產和收入。在一八五八年，她們並發行《婦女日報》（English-Women's Journal），也開創出版社，透過文字宣揚理念，其後更在「蘭罕廣場」（Langham Place）成立女子學院，在歷史上第一次，透過教育培養女性人才，並喚醒民眾。

到一八六五年，她們更透過著名的男性哲學家、國會議員約翰·穆勒，首次在英國成功的推動「婦女參政法案」（Women's Suffrage Bill），奠定婦運歷史上第一次貢獻及具體里程碑，對其他國家的影響與啓發都極為重大。

穆勒在其名著《女性的屈辱》（The Subjection of Women）中，便公開強調，男人和女人根本上應該是平等的。兩性後來的不同，來自撫養和教育中的巨大差別。他認為，「目前稱之為婦女本性的，實際上完全是人為的」。所以，雖然身為男性，他仍大力支持婦女在工作、教育、財產和參政權的平等權利。歷史也證明，因為他的努力——也就是兩性共同合作，更加速了女權的平等化。

英國婦女運動到了第二代，則可以「淨化社會的女性主義」為代表，其中又以約瑟芬·巴特勒（Josephine Butler, 1828-1906）為先驅；在本階段中，婦運代表的訴求，主要仍以扭轉社會理念

為主。

例如，約瑟芬特別強調，對於迫使女性屈居下屬的「性的經濟學」，社會大眾應共同重視；尤其，對特種營業的女性們，「她們不能因為工作感染性病，就被宣告有罪，因為男人從她們身上得到的，只是性慾的宣洩。」

換言之，根據約瑟芬看法，在性交易中，應被譴責的，絕不能只限於女性，男性想宣洩性慾，才是主動犯行。所以，淨化社會色情的方法，必須先從淨化男性本身才正確。

約瑟芬更主張，性別的平等必須是讓女人在社會中，能自由的行動，不受家庭束縛，以此反抗女人被強加「生殖」的命運。她也相信，女性有自己的優秀文化，在道德上也超越男人。因此，她們認為：「酒精、暴力和性經驗，是在家庭中威脅女性的男性暴力。」而女性和男性不同。女性「在道德上更高超純淨，偶爾需要或完全不需要性——不像男人，完全被動物性需求所控制。」

到了第三代，可以愛彌．龐克（Emmeline Pankhurst, 1858-1928）及她的二位女兒為代表。她們開始重視政治理念，強烈支持反對運動、抗衡權勢，並極力贊成自由貿易，終身追求民主改革。

愛彌並於一九〇一年代表獨立勞工黨，競選擔任家鄉曼徹斯特的勞工局長，成為歷史上，透過民選而任行政首長的第一位女性。

另外，她有感於自從穆勒在下議院訴求女權之後，婦女參政權的贊成案反而備受挫折，而且一拖三十多年，竟然毫無任何進展。所以，在一九〇三年，愛彌結合同道女性，成立了「婦女社會與政治聯盟」（WSPU, Women's Social & Political Union），透過社會運動與參政活動，擴大各方認同，也成爲婦女運動歷史上第一次創舉，深具指標作用。

這項聯盟在一九〇六年大選中，開始展現威力，到一九〇七年成立了三處支部；並發行〈婦女選舉權〉（Votes for Women）報紙，當時每週發行量高達四萬份。該聯盟經常舉行街頭運動，參加海德公園示威遊行的人數，更經常高達廿五萬人，充分展現英國女性覺醒與團結的重大影響。

所以，當一九一二年，英國新國王加冕後，首相對婦女運動領袖們食言，不准許婦女擁有投票權時，憤怒的女性們開始忍無可忍，準備正式訴諸群眾。她們號召群眾走向街頭，並向政府部門——內政部、國防部、外交部、貿易部、財政部等，發起全面攻擊與抗議，震驚了全英國，也震動了全世界！

英國政府立刻大量逮捕這些婦運領袖，但勇敢的婦運領袖在獄中仍用絕食抗議；瘦弱的愛彌當時已經五十四歲，總計被警察拖進監獄達十二次之多，但她仍然毫無畏懼的抗衡強權，爲婦女權益全力抗爭，引起全英國多數民眾的同情。

所以，當一九一八年，英國因爲受戰爭拖累，無法再繼續壓迫女性時，政府終於同意「三十歲以上的英國婦女都有投票權」。英勇的婦女運動領袖們，終於突破了重重困境，爲女性平權踏出了最重要的一步！也爲全球的女性爭取平等，做出了最具貢獻的里程碑！從此之後，全球各國婦女的參政權，如同雨後春筍般，紛紛誕生。

十九世紀的婦女運動，除了在英國歷經辛酸之外，在德國也同樣充滿辛酸，但也同樣充滿精神毅力，令人欽佩。

在德國，歷史最悠久的婦女團體，當推露易絲，她在一八六五年成立「德國婦女社團」，並創辦了「茉比錫婦女教育團體」。到了六〇年代的婦女運動，就比較和政黨及社團畫清界限，在公開場合也儘可能地避開任何政治性活動，否則將被處刑罰。

露易絲的方法，主要是透過教育，爭取女生更多的受教權，從而呼籲女性多當老師，教育更多的下一代，能有開明的新觀念。

因此，在德國的父權社會中，一八三三年時，女老師佔百分之三十五，到了十九世紀末，便增加到百分之五十七。

事實上，德國從普法戰爭時期的費希特（Fichte）便極重視教育。他著名的演說「告德意志民

族書」十四篇，用一言以蔽之，便是用「新國民教育」復興民族。那麼，由誰執行呢？由誰當教師？德國婦女運動順勢而生，結合教育改革運動，形成最大特色。

此所以，即使到了二次大戰後，德國已成一片廢墟，所有政治、經濟、軍事力量均告瓦解時，艾德諾仍能透過僅存的教育力量，充分發揮教育的偉大功能，成功的復興德國。他被稱爲「德國復興之父」，其祕訣便在善用教育功能，從小學開始便重視教育，這也形成德國婦女的最大貢獻。

因此，從十九世紀開始，老師這一行，就已成爲德國女性的最多行業。在一八九六年時，普魯士就有一萬四千六百位女老師。只不過，她們當時還只能在小學及女校任教；在男校中，仍不准有女老師；而且，其他行業，如醫師、律師、牧師、教授、學者，均無女性。

因爲女性不准念大學，婦女運動者爲此展開長達數十年的艱苦抗爭，一直到一九〇八年，才由普魯士文化部頒布允許女性念大學的命令。回顧德國婦運爭取教育權的辛苦，至今仍然充滿血淚。在一八七一年時，海德堡大學的評議會中，甚至還公然記錄：「女性的出席，將大大地擾亂學術性的講授，講師們應立刻對女聽眾下逐客令。」即使到了將近廿世紀（一八九六年）時，女性需先得到文化部的同意，才能至大學聽課，如要還想再聽，還得校長准許。所以，在一八九六至一八九七年間，只有二百二十三位女性曾在普魯士的大學聽課，她們大半出身於基督教的學者，或是企業家的家庭。一

直等到一九〇〇年，也就是在海德堡大學解除禁止女性在醫學院入學的命令後，女子才得以真正進入大學求學，一年之後，這項命令才普及至所有的學科。然而，在普魯士邦，卻還要再等七年，也就是一九〇八年，才將這項障礙打破，形成全國各邦都可適用的規定。

到了一九一四年，全德國已有三千六百四十九位大學女生，但也只佔當時學生總數的百分之六點三。由此可見，婦女運動的推展，即使從教育權入手，也是歷經坎坷，步程極為緩慢。

第四節　廿世紀上半葉

眾所皆知，在廿世紀影響世界最大的思潮，首為馬列主義，全球幾乎一半人口受其控制，也有一半領土以上，受其籠罩。因此，要討論廿世紀婦女運動，必須先從馬列主義的女性主義追溯起。其中又以恩格斯名著《家庭、私有財產與國家的起源》(The Origins of the Family, Private Property and the State, 1884)，最具代表性。

恩格斯認為，自古以來，「女人可以用來交換、買賣或以物易物，換得珍貴物質、合約、以及土地。婚姻甚至也可為交戰的統治菁英之間，建立盟友的關係。」

簡單的說，一個統治階級的丈夫，擁有他的太太，就像擁有女奴隸一樣，不只可以決定她的生死，更可以透過專有權力控制她的生產力。

所以，恩格斯強調「現代家庭，是建築在明顯及看不見的奴役女人的行爲上。」

恩格斯可稱西方思想史上，少數論及婦女議題的哲學家。影響所及，這種思想，促成了德國新民黨領袖古斯．百柏（Auguste Bebel），完成一部重要著作《社會主義下的婦女》（Women Under Socialism, 1883），並且啓發了新民黨女性領袖卡拉．柴特全（Clara Zetkin），爲廿世紀初，推展了諸多婦女改革行動。

甚至，列寧還曾經在一九二〇年詢問卡拉：「爲什麼新民黨婦女，花費這麼多時間討論性別問題呢？」

卡拉回答：「在這個醜陋的世界裡，性別和婚姻，對社會各階層的婦女而言，包括了真正的衝突、真正的痛苦。」

此所以卡拉明白強調：「我們（婦女運動）要求的，不只是婦女參政權及平等工作機會，而是完整的合作教育，以弭合性別之間的人爲分別。」(82)

另外，卡拉的先生歐西．柴特金（Ossip Zetkin），因德國取締新民黨，而被驅逐出境，並且因而犧牲。卡拉在三十二歲便當了寡婦，扶養兩個兒子，但仍然堅忍不拔的爭取婦女權益，推進婦女運動，被公認爲廿世紀上半葉婦女運動的主要精英。

然而，在一九三〇年代的史達林統治時期，政府爲解決當時勞動力的短缺，鼓勵婦女多生產，女性便成爲犧牲品，只被突顯爲生殖工具。俄國並於一九三六年通過「反墮胎法」及「反離婚法」；同性戀更被視爲罪犯，均對婦女運動形成負面的影響。

另外，德國在二次大戰期間（1935-1945），因爲戰爭影響，法西斯主義明顯對女性貶抑與歧視。希特勒便公開指稱：「女人該停留的地方，是床上、廚房和教堂」。墨索里尼更認爲，女人的重要功能是「待在家裡多生一些男人」，均對女性形成粗暴的侮辱與踐踏。

一九三四年，希特勒會對全國社會主義婦女組織說：「如果男人的世界是國家，女人的世界就是她的丈夫、家庭、子女，和她的家」。他並進一步強調：「互相尊重兩性，就不該嘗試去做屬於對方範圍的事。」形成更封建的「男主外，女主內」傳統。

本來德國在希特勒掌權之前，威瑪共和時期，女性主義已經十分具有影響，尤其德國的女性主義在爭取到投票權後，於一九二六年選出三十二位女性眾議員進入國會；當時英國號稱女性主義先驅，國會中也只有十五位國會議員，美國竟只有三位，可見德國婦女運動當時之進步。

只可惜，後因希特勒之崛起，當選後立刻解散女性主義機構，並關閉女性主義出版社；一九三三年，更命令所有女性不准參與議會、不准擔任法官、不得擔任決策性領導職務，都對婦女運動形成沈重打擊。

希特勒在《我的奮鬥》中曾說：

「個人自由的權利低於保存種族的責任，……為使種族延續，而犧牲個人的生存，是必要的。」

就在這種蠻橫的集權主義下，希特勒以「種族延續」爲名，實行最徹底的父權制度。換言之，做爲國家的根本，其納粹法西斯運動更明白要求女人，回到「孩子、廚房和教堂」（children, kitchen, church），可稱爲歷史上對女性及婦運，最徹底的摧殘與否定！

在美國方面，男人爲了二次大戰出發打仗時，七百萬美國婦女必須工作，既爲了養家，也爲了遞補社會空缺，開創歷史上的空前記錄。然而到了戰後，很多男性回過頭來，認爲女性剝奪了他們原本的工作，認爲女性賺薪水並不重要，頂多只做爲家庭的補助。因此，政府仍然只肯以差別待遇對待女性，婦女運動仍未受到應有的重視。

此所以美國女性主義佛里丹曾經發出感慨：

「隨著大戰的結束、前線士兵的返國，為了讓許多已經被女性『霸佔』的工作崗位空出來，美國

社會重新興起一股號召女性回歸家庭、扮演賢妻良母、發揮女性特質（femininity）的呼聲。而眾多的美國婦女，特別是中產階級婦女，也真的被這樣的『女人夢』吸引，紛紛從校園輟學、離開職場，去尋找她們的白馬王子（Mr. Right），然後生育子女，搬遷到郊區舒適美麗的獨棟住宅，使用各種便捷的家電用品，全心打造一個女人應該歸屬的、溫暖甜蜜、快樂幸福的家。」[83]

換句話說，在五〇年代某期，美國很多年輕女性已經忘了婦運前輩種種奮鬥的艱辛。她們印象中的婦女運動，依稀還記得的內容，只是「一小群怪異的老處女，費盡辛勞，終於爲婦女贏得投票權。」

因此美國婦女運動者如佛里丹便發出如後的感嘆：

「這樣的社會趨勢從一些統計數字中明顯可見，在一九五〇年代末期，美國婦女的平均結婚年齡下降到二十歲以下，而女性上大學的比例，卻從一九二〇年的百分之四十七滑落到一九五八年的百分之三十五。五〇年代中期，有百分之六十的女大學生為了結婚休學。更驚人的是，五〇年代末期，美國的生育率已超過印度，許多婦女不再只生兩個小孩，而是四、五個，甚至六個。過去女性曾為了走出家庭參與社會而艱苦奮鬥的歷史，已經被年輕一代的女性拋諸腦後，社會上更有成千上百的專家在歌頌她們的決定，稱讚她們的美德，更讓她們確定自己做了一個十分正確的人生選擇。」

「然而，將自己安頓在家庭堡壘、全心奉獻給丈夫子女的這些婦女，果真從此過著童話般、幸

福快樂的生活了嗎？」(84)

因此，在美國，很多女性重新反省本身的定位，並且提出了「我到底是誰」的嚴肅問題：

「一個十九歲就結婚，生養四個孩子的婦女的談話可做為代表：『女人該做的我都試過了——休閒嗜好、種花蒔木、醃漬食物、自製罐頭、和鄰居打交道、參加聚會、幫忙家長會張羅茶會。我什麼都能做，也蠻樂在其中，但是做這些事卻不會留下什麼可以供我回味思考的東西——絲毫沒有為我帶來可以明白『我是誰』的感覺。……我就是絕望透了，我開始認為自己毫無個性。我只不過是個煮飯、洗衣、鋪床的人，一個任人隨叫隨到的人。可是，我到底是誰呢？』(85)

因此，著名的美國女性主義者，如佛里丹便相信，類似這種婦女的痛苦，一定是有原因的。所以，本於追求真理的衝勁，她從各方線索，特別是家庭主婦每天例行的家務瑣事中，去尋找、分析與答案。最後她相信：

「這些把婦女牢牢綑綁的鎖鏈，正是她們心靈深處緊緊綑綁的鎖鏈。它不容易被察覺，更不容易被掙脫。」(86)

因而佛里丹認爲，只要「婦女選擇傾聽自己內心的呼喊，把專家放到一邊去，一定能朝真理摸索前進。」

也因爲這樣的認知和決心，佛里丹經過幾年的探訪與研究之後，在一九六三年終於爲當時婦女無名的迷思、困境命名，並用通俗文體闡述出來，寫成了名著《女性迷思》（The Feminine Mystique）。許多人相信，《女性迷思》這一本書，在掀起六〇年代歐美的婦女運動，和激發女性主義研究的蓬勃發展上，公認扮演了「最爲關鍵的角色」。

除此之外，整體而言，在廿世紀前後葉相交之際，法國婦女運動健將西蒙．波娃（Simone de Beauvoic），於一九四九年完成的名著《第二性》（The Second Sex），則可說是五〇年代唯一代表女性主義的聲音。其內容平實、層面廣闊，被女性主義者公認爲「曠野的呼嘯」，至今仍爲膾炙人口的婦運經典。

西蒙在此四十一歲完成的名著中，曾直接點出問題的核心：

「男人將女人的形象塑造成為『異己』——和男人不同的那個，並且永遠是次等的他者。」(87)

因此，西蒙沉痛的指出：「女人什麼時候才會以自己的形象和經驗反擊回去？什麼時候才會建立起我們和男人的平等關係？」

正因爲西蒙提出了類似的根本問題，也在其百科全書式的鉅著中，提供諸多發人深省的切入點，所以同樣成爲激發近代婦女運動的重要根源。她的博學，正如同「女性主義」的定義，充滿了多樣

性。

「『女性主義』的英文字 feminism，源自法文的 femonisme。根據柯德教授的研究，一八八〇年代創立法國第一個婦女參政權會社的法國女子奧克蕾（Hubertine Auclert）最先公開提出了這個詞彙。」「組織『全美婦女選舉權聯合會』並領導美國婦女爭取到投票權的凱特女士（Carrie Chapman Catt），對女性主義所下的定義則是：『反抗舉世用法律或習俗強行阻撓婦女享有自由的一切人為障礙』，她並且說：『像啟蒙思潮與民主政體一般，女性主義是一種進化……沒有領袖，也無需組織，而且因各個地區的特殊需要，與特定的宗旨，而有不同的含意。』『女性主義』其意義之繁複及包容性，正是一九一〇年代迅速被廣為採納的主要原因。」

因而，西蒙在其晚年，回顧廿世紀各種婦運角色時，有段評論深值重視：

「婦女運動包容各種不同的流派，至少在婦運最前進的美國是如此。美國的婦運從相當保守的佛里丹到大力打擊男子氣概的 SCUM（The Society For Cutting Up Man，極端反對男人的婦女團體）；在這兩個極端之間，還有許多不同的立場。法國婦女運動似乎也有許多不同的流派，我所選擇的是致力結合階級鬥爭與婦女解放的路線。我相信婦女的奮鬥有獨特的性質，但它與男女併肩爭平等的鬥爭也是息息相關。因此，我拒絕全然否定男人。」(88)

換句話說，雖然西蒙也認爲，對男性應有質疑與警惕的態度，但也用不著全盤抹煞；「難道空手道是男人發明的，婦女就不能去學習嗎？我們不必排斥男人的世界」。西蒙這種態度——將兩性關係從截然的對立，逐漸融合，用通達的胸襟，形成「相輔相成」、「併肩作戰」，對今後的婦運深具重要的啓發性。

第五節　廿世紀下半葉

婦女運動到了廿世紀後半葉，呈現多采多姿的多樣性，開始蓬勃發展，百家爭鳴。然而，若追溯其根本源頭，仍然源自民權運動，尤其是六〇年代從美國開展的「黑人民權運動」（The Black Civil Rights），影響婦女運動很大；這與十九世紀在美國發展的情形相同。其中發端的第一步，爲一九五六年，一位美麗黑人女性羅莎．帕克（Rosa Pauks），在阿拉巴馬州一輛漆著「白人專用」的公車走了出來。在她個人或爲一小步，對美國婦女運動卻是一大步。其勇敢的抗爭立刻引起廣泛的共鳴，並且成爲對抗「種族歧視」的社會運動，影響所及，便形成對抗「性別歧視」的運動。

在六〇年代美國各種抗爭運動中，加州大學教授馬庫西（Herbert Marcuse），融合了存在主

義、心理分析與馬克思主義，成爲重要的理論大師。

只是，諷刺的是，馬庫西當時的代表作「一度空間的人」（One-dimensional Men），書名中仍以「男人」(men)稱全部「人類」。因此引發了婦女運動健將，開始全面反省檢討，何以連馬庫西也有類似情形，對女性不自覺的歧視？她們提出了種種發人省思的問題：

——何以美國在「獨立宣言」（Declaration of Independence）中第一句「人類生而平等」（All men are created equal），英文只用「男人」便可代表「人類」？女人的地位在那裡？

——何以美國國會中，眾議員迄今仍稱為「國會男人」（Congressman）？女性議員的地位在那裡？

——何以所有會議主席，或大學中的系主任，均用「男主席」（chairman），女性就不能當主席嗎？女性就不能當系主任嗎？

——何以「歷史」（history）一詞，竟然在英文中，只是「男人故事」（his-story）的簡稱？女人的辛酸史不能算歷史嗎？

經過種種類似省思，她們更加意識到，傳統制度把女性視爲附屬，連語文用字都形成很多的不公平，其他各種積非成是的例證很多。例如女性在婚後，便被認爲「屬於」丈夫，成爲丈夫的附屬物，所以便只能從夫姓，本有的娘家姓，一夜之內便被取消！諸如此類不公平事例，激發出很多挺身

而出的精英，因此，在六〇年代中，形成空前的「反既有制度」（Anti-establishment）運動。

當時美國婦運的重要代表性工作之一，便是在一九六八年，反對「美國小姐」選美比賽。因為，婦女運動者，反對女性成為男性品頭論足的玩物，更反對將女性「商品化」及「物質化」。所以，她們當時將一頭羊加冕，稱為「美國小姐」，諷刺女性只成為屈從於男性的小綿羊，並且在現場放個「自由垃圾物」（Freedom Trash Can），放滿了她們認為是男性壓迫女性的物品，包括胸罩、束腹、假睫毛等；這也成為後來「性解放」與「拒穿胸罩運動」的重要動因。

這種運動蔚然成風，配合著學生運動與社會運動相激相盪，形成新高潮。一九七〇年八月廿六日，美國數以萬計的婦女，為紀念「婦女投票權五十年」，進行大罷工，抗議她們仍未取得真正的平等權。罷工者要求政府，提供「全天候托兒服務、安全而自由的墮胎服務，以及男女工作與教育機會均等。」

尤其，《女性的迷思》一書，昇高了中產階級主婦的問題，喚醒了很多女性沉寂的自我意識。她們中有許多人告訴佛里丹：

「她們覺得『空虛』、『無聊』、『無用』；不知道自己是誰，儘管大都在二、三十歲年紀，卻自覺『沒有未來』——似乎從小女孩起，總有什麼人或什麼事難控制婦女的未來，可能是父母、上大學、談戀愛、生小孩或搬新家。直到有一天早晨醒來，才發現自己沒有什麼可期待的事。」(89)

換句話說，經過包裝的父權社會陰影，重新被提出來討論，更多覺醒的女性，希望能走出陰影，活出自我。此所以佛里丹聲稱「男女應有相同的成長內涵」，書中駁斥「女人不需要成長」的謊言，更指出女孩從小被鼓勵去忽視或逃避「我是誰」、「我將來要做什麼」的探索，均需重新檢視。原來父權思想的論調，諸如「女孩不需要像男孩一樣，『必須有所作爲』，她們只要『做女人』就好了」等等，再次形成婦女運動批評的新議題。

因此，佛里丹大聲疾呼，敦促婦女發現自己的潛能與天賦，回學校去讀書，爲自己找份有意義的工作。因爲，只有如此，「女性的人生才會充實」，這又重新喚醒了婦女運動先進早期的精神，形成更多討論的熱潮，也引發更多的重視。

所以，一九六四年，八十一歲的維吉尼亞州國會議員豪爾．史密斯提議，要在第七修正案「不得因種族、膚色、宗教而歧視就業機會」之條文下，另加上「性別」二字，其意義便非常重大。

史密斯並非女權主義者，但他視「婦女」爲「弱勢民族」，認爲婦女權益與黑人權益相同，應受尊重，所以得到了通過。

此後十年間，婦女據此提出告訴的比例最高，因爲當時聯邦政府的「平等僱用機會委員會」，雖然負責接受申訴，並出版「僱主須知」，但並沒有認真執行；對報紙上求才廣告公然刊登「性別限制」的字眼，也並未認有何不妥。

但婦運領袖們明確認爲，這種「求才限男性」或「限女性」的歧視，與「限白人」或「限黑人」沒有兩樣。她們經由種種奮鬥與抗爭，在一九六六年，成立「全國婦女聯盟」（縮寫N. O. W.），蘊涵「馬上做」（now）的精神，宗旨即爲「引領婦女全面加入美國社會主流，與男人同等，共享權利、共盡責任」，揭開本世紀後半葉的婦運新風貌，而且波瀾壯闊，影響了全球的現代化運動。

「N. O. W.」的目標，主要在於——

「根據法律，擴展並加強婦女權益，使婦女能在一向由男人把持的政治、商業及其他專業範疇中贏得平等地位」。此外，「N. O. W.」也強調新女性主義，「要求女人如今既已分擔『男人領域』，男人也應該分擔『女人領域』：我們相信兩性之間，若要有真正合作關係，就需要嶄新的婚姻觀、平攤家務、照管子女的責任及經濟負擔。我們也認為，『理家』與『育嬰』的經濟及社會價值，應受肯定。」(90)

「N. O. W.」的另外一段宣言，也神似一八四八年的《辛內加瀑布感性宣言》：「我們對現行大眾傳播媒體、教科書、儀典、法律之中的錯誤婦女形象表示抗議，並決心加以改變。」其中並明白

反對「各主要社會機構、教會、大學、工廠、公司行號及政府等，在執行政策時，假借『保護』之名，把婦女養成自我否定、依賴、逃避責任，傷害她們對自己能力的信心，甚至輕視自己。」

貝蒂．佛里丹在三個分會會員的推選下，更榮膺「N. O. W.」的第一位主席。

總的來說，在七○年代，可說婦女運動「真正起飛的一年」。在美國，禁止性別歧視的「平等權利憲法修正案」，於一九七二年在參議院通過。到一九七三年，最高法院對「羅拉訴偉德」（Rora vs. Wade）的判決，賦予了女性自由選擇墮胎的權利。

影響所及，在英國，政治上出現了首位女性首相柴契爾夫人（1979-1990）；印度因受英國統治，早就有女性主義傳統，從一九一八年，贏得印度國民大會支持，爭取婦女投票權，後來也產生了女性總理甘地夫人。此後，如阿根廷、法國等地，也陸續產生了婦女國家領導人。到廿世紀末，美國柯林頓為表現新作風，出現首位女性國務卿歐布萊特。繼任的小布希總統，也任命了首任女性國家安全顧問。「婦女從政」成為新時代的共識，也成為婦女爭取權益的重要方法。

綜合而言，廿世紀後半葉的婦女運動，其共同特色，均先從立法的抗爭，爭取應有平權；從七○年代到廿世紀末，更因為加入菁英知識份子，所以展現了各種思潮學派，關心的議題，更涵蓋了「環境保護」、「人文省思」、「家庭暴力」、「女性生殖角色」、「女性心理分析」、「女性異化問題」、

「女性自我實現」等等，形成百家爭鳴的蓬勃生機。

到了公元兩千年，全球各地的政府，因婦女運動的蓬勃影響，產生了更多的女性總統與總理，從就任順序而言，分別有東加總統康瑪拉（1994）、斯里蘭卡總理般達拉那瑾（1996）、孟加拉總統瓦吉德、愛爾蘭總統麥克愛理斯（1997）、巴拿馬總統莫絲柯李（1999）、紐西蘭總統克拉克（1999）、立陶宛總統佛倍佳（1999）以及芬蘭總統哈洛（2000）等等。

其中以芬蘭總統哈洛爲例，最具代表性：哈洛曾任外交部長，再於公元二〇〇〇年以百分之五十一多數擊敗男性對手，她的政見即爲「上任後將促進兩性平等」，她並提醒世人，她的當選「顯示男性、女性一樣可以擔任任何職位」。事實上，芬蘭國會二百人中，三分之一以上均爲女性，內閣閣員也有多位女性，證明女性地位在芬蘭已受到很大的重視。

綜合而論，展望未來，在廿一世紀，婦女運動如何進展，才能充分達到全球性的女性平等，並且到達女性普遍的自我實現潛能，非但有賴婦女領袖更多更廣的努力，同樣也有賴男性普遍的覺醒、同情理解，與共同奮鬥。

相信，唯有在兩性同心協力、相互尊重的基礎上，彼此降低誤解、增加瞭解，進而相輔相成，互助互利，才能成就兩性平等並且雙贏的光明新世紀！那就不僅是全體女性之福，也將是全體人類之幸了！

【注釋】

1、Plato, "Republic".
2、同上。
3、John Rawls, "A Theory of Justice", Harvard University Press, 1971.
4、Aristotle, "Metaphysics".
5、B.Russell, "Marriage and Moral".
6、K.Marx, "Manuscripts of 1844", Boston, 1976.
7、孔子，論語。顏淵第十二。
8、同上。論語。
9、孟子。滕文公章句下。
10、同上。滕文公章句下。
11、易經，繫辭傳。
12、同上。

13、老子，道德經。

14、同上。

15、同上。

16、D.Goldman, "EQ", Harvard University Press.

17、John Gray, "Men are From Mars, Women are From Venus"，中譯本，括弧中標題與申論爲筆者所加。

18、F.Nietzsche, "Also Sprache Zarathustra".

19、老子，道德經。

20、同尼采上書。

21、Shakespeare，「馴悍記」。

22、D.Goldman, "EQ".

23、同 John Gray，上揭書。

24、同上。

25、同上。

26、同上。

27、唐君毅，《愛情之福音》，正中書局，民國六十五年六版。由筆者擇要整理，另外再加申論。
躍昇文化事業有限公司八十三年六月（pp.25-28, pp.48-52, pp.53-57, pp.111-112）

28、源氏鶏太郎，抓住愛情五十三招，由筆者就標題擇要，並申論內容。

29、Stephen Arterbum & Carl Dreizler，《示愛的五十二個Q點子》，方智出版社，八十三年一月。

30、簡春安，《婚姻一○○條》，第七－九頁。

31、請參閱 E.Ross. "On Death and Dying" N.Y. 1993; pp.51-123。

32、Dr.Silvestri.轉引自 John Gray 上揭書。

33、同上。

34、同上。

35、孟子告子章句上。

36、A.N.Whitehead, "Religion in the Making", Harvard University Press.

37、Clutton.轉引自 John Gray 上書。

38、Markman.同上。

39、Tanoen.同上。

40、Nesbit.同上。

41、本段根據John Gray 標題，加以擇要，並加申論而成。

42、E.Fein & Schneider, "The Rules : Time--tested Secrets for Capturing the Heart of Mr.Right", N.Y. 1998本段摘其重點再加以申論而成。

43、簡春安，《婚姻一〇〇條》，第二—四頁。

44、同上。

45、Mary Wollstonecraft，《女權的辯護》一九七二年，第三—八頁《女性主義經典》顧燕翎、鄭至慧編，女書文化事業有限公司，民國八十八年十月。

46、John Mill，《論婦女的附屬地位》一八六一年，同上，第九—一四頁，《女性主義經典》顧燕翎、鄭至慧編，女書文化事業有限公司，民國八十八年十月。

47、F-Engels《家庭，私有制和國家的起源》一八八四年，同上，第四六一—四六五頁。

48、同上揭《女性主義經典》，第一六八頁。

49、同上。

50、同上，第一六九頁。

51、同上，第一六九頁。

52、Freud，引自傅偉勳主編，《女性主義思潮》，中國時報文化公司，一九九七年，第二五〇—二五二頁。

53、Nancy Chodorow, "The Reproduction of Mothering", U.C. Berkeley Press, 1978, p.92.

54、同上，第一〇七頁。

55、同上，第一二八頁。

56、同上，第一三五頁。

57、參見《女性主義思潮》，第三〇七頁。

58、同上，第三〇八頁。

59、同上，第三〇九頁。

60、Ann Foreman, "Femininity as Alienation" Women and the Family in Marxism and Psychoanalysis / Pluto Press, 1997, p.65.

61、中譯見上揭書《女性主義思潮》，第七七、三二六—三二七頁。

62、同上。

63、同上。
64、見《女性主義思潮》，第三六二頁。
65、西蒙，《第二性》，新潮文庫，一九九七年，第二卷。
66、同上，第三卷。
67、同上。
68、同上，第二卷。
69、同上，第三卷。
70、同上，第四卷。
71、同上Betty Friedan，《女性迷思》李令儀中譯，月旦出版社，一九九五年，第五五二頁。
72、同上，第五五二頁。
73、同上，第五五〇頁。
74、同上，第五五一頁。
75、同上。
76、傅偉勳主編，《女性主義思潮》立緒文化中心，一九九七年，第一三頁。

77、同上。
78、同上。
79、轉引自顧燕翎編《女性主義經典》，台北，女書文化公司，一九九九年，第九頁。
80、傳偉勳主編上揭書，第四三頁。
81、同上，第四四頁。
82、同上，第九一頁。
83、詳見顧燕翎主編：《女性主義經典》，台北，女書文化公司，一九九九年，第二〇頁。
84、同上第二二頁。
85、同上，第二四頁。
86、傳偉勳主編上揭書，第一〇一頁。
87、顧燕翎主編上揭書，第二八頁。
88、Betty Friedan，《女性迷思》。
89、見一九九六年，美國《全國婦女聯盟》（N.O.W）宣言。
90、同上。

【附錄】

本書作者出版作品目錄

1.《易經之生命哲學》，民國六十三年，台北天下圖書公司。
2.《青年與國難》，民國六十三年，台北先知出版社。
3.《哲學與現代世界》，民國六十四年，台北先知出版社。
4.《文化哲學面面觀》，民國六十五年，台北先知出版社。
5.《華夏集》，民國六十六年，台北先知出版社。
6.《孔子與馬克斯對「人」的觀念比較研究》，民國六十七年，英文版，美國波士頓大學博士論文，後由東海大學出版。
7.《哲學與國運》，民國六十八年，台北問學出版社。
8.《中國人的人生觀》，民國六十九年，中譯本，台北幼獅公司。
9.《從哲學看國運》，民國六十九年，國防部印行。
10.《新馬克斯主義批判》，民國七十年，台北黎明公司。
11.《三民主義研究》，民國七十一年，（合著本），台北政大公企中心印行，中央文物供應社出版。
12.《中國哲學與三民主義》，民國七十二年，台北時報文化出版公司。
13.《蕭毅虹作品選》，民國七十三年（主編），絲路出版社。

14.《中國哲學的現代意義》，民國七十四年，（英文本），東海大學出版。
15.《民族精神論叢》，民國七十五年，台北黎明公司。
16.《「蓬萊島」誹謗案大公開》，民國七十五年，龔維智律師編印。
17.《超越新馬克斯主義》，民國七十六年，台北嵩山出版社。
18.《國父思想之理論與實踐》，民國七十七年，（合著本），大海文化公司。
19.《丹心集》，民國七十七年，台北黎明公司。
20.《蔣經國先生的思想與精神》，民國七十八年，台北黎明公司。
21.《中國古代美學思想》，民國七十八年，台北學生書局。
22.《環境倫理學—中西環保哲學比較研究》，民國七十九年，台北學生書局。
23.《天人合一》，民國八十年，國家文藝基金會印行。
24.《蔣中正先生思想研究》，民國八十一年，黎明公司印行。
25.《中國文化哲學》，民國八十二年，台北學生書局。
26.《誰誤解了李總統？》，民國八十三年，國是評論雜誌社。
27.《李總統叛國心跡》，民國八十四年，國是評論雜誌社。
28.《中國管理哲學及其現代應用》，民國八十五年，學生書局。
29.《中國傳統哲學與現代管理》，一九九七年，山東大學出版社。
30.《李登輝民主嗎？》，民國八十七年，國是評論雜誌社。
31.《反台獨漫畫集》，民國八十八年，自印本。

32.《中西生死哲學》，民國八十九年，博揚出版社。
33.《兩性之哲學》，民國九十年，博揚出版社。
34.《生活哲學兩種》，二〇〇二年，北京大學出版社。
35.《曾文惠案追追追》，二〇〇三年，自印本。
36.《先室蕭毅虹紀念文集》，民國九十二年，（主編）四冊，自印本。
37.《反獨促統畫集》，民國九十三年，自印本。
38.《忍辱》，民國九十三年，自印本。
39.《愈挫才能愈勇》，民國九十三年，自印本。
40.《生氣不如爭氣》，民國九十三年，自印本。
41.《悲憤不如發憤》，民國九十四年，國是評論雜誌社。
42.《自助才能天助》，民國九十四年，國是評論雜誌社（待印中）。
43.《中國政治哲學》，民國九十五年，學生書局（待印中）。
44.《兩岸新儒家哲學研究》，民國九十五年，學生書局（待印中）。
45.《新統獨論戰》，民國九十五年，國是評論雜誌社（待印中）。

國家圖書館出版品預行編目資料

兩性之哲學

馮滬祥著. – 初版. – 臺北市：臺灣學生，
2005 [民 94]
面；公分

ISBN 957-15-1270-2 (平裝)

1. 兩性關係

544.7　　94017038

兩性之哲學（全一冊）

著作者：馮滬祥
出版者：臺灣學生書局有限公司
發行人：盧保宏
發行所：臺灣學生書局有限公司
臺北市和平東路一段一九八號
郵政劃撥戶：〇〇〇二四六六八號
電話：(〇二)二三六三四一五六
傳真：(〇二)二三六三六三三四
E-mail:student.book@msa.hinet.net
http://www.studentbooks.com.tw

本書局登記證字號：行政院新聞局局版北市業字第玖捌壹號

印刷所：長欣彩色印刷公司
中和市永和路三六三巷四二號
電話：二二二六八八五三

定價：平裝新臺幣二〇〇元

西元二〇〇五年九月初版

54405

ISBN 957-15-1270-2 (平裝)